Helmut Wichlatz „Achtung, freilaufender Menschenfreund!“

FSC
www.fsc.org
MIX
Papier aus ver-
antwortungsvollen
Quellen
Paper from
responsible sources
FSC® C105338

Bibliografische Information der Deutschen Nationalbibliothek: Die Deutsche Nationalbibliothek verzeichnet diese Publikation in der Deutschen Nationalbibliografie; detaillierte bibliografische Daten sind im Internet über www.dnb.de abrufbar.

Herstellung und Verlag:
BoD –Books on Demand Norderstedt
ISBN 9783751985024

Inhalt

Vorwort

Ich freue mich, dass Sie dieses Buch erworben oder ausgeliehen, vielleicht sogar gemopst haben. Das würde immerhin Interesse bedeuten an dem, was mir so im Laufe der letzten knapp vier Jahre Monat für Monat bei meinen Mitmenschen aufgefallen ist. Die Kolumnen erscheinen im Mönchengladbacher Guru-Magazin und seit einiger Zeit auch im Viersener Magazin C´est la VIE.
Es könnte aber auch sein, dass man Ihnen dieses Buch geschenkt hat. Das könnte wiederum zweierlei bedeuten.
Einmal könnten Sie dem Schenker herzlich egal sein und er wäre kurz vor Ladenschluss in die Buchhandlung gestürmt, um irgendwas unter zehn Euro zu kaufen und nett einpacken zu lassen. Das wäre schade, aber vielleicht bekommen Sie das Buch ja noch weiterverschenkt oder legen es in einen dieser Bücherschränke, die es neuerdings in vielen Städten gibt.
Andererseits könnte er oder sie sich aber auch Gedanken gemacht und festgestellt haben, dass Ihr Humor gerade so ein Buch wie meines vertragen könnte.
Wie auch immer, ich wünsche Ihnen viel Spaß mit meinen demütigen Zeilen,

Ihr
Helmut Wichlatz, a.k.a „Menschenfreund"

November 2016
Mit den Neo-Osmanen in der
Kreisliga B

Hallo Mönchengladbach, Rheydt und Umgebung. Der Menschenfreund meldet sich mal wieder zu Wort. Und das, nachdem ich mich noch im Dezember vollmundig verabschiedet hatte. Aber wie das so ist: Wenn man mit offenen Augen durch die Welt läuft, dann stolpert man zwangsläufig über manche Absonderheit, zu der Mitmenschen allgemein in der Lage sind. Und die will ich Ihnen nicht vorenthalten. Denn man kann immer irgendwas lernen in diesem Land der Bekloppten und Bescheuerten, wenn man nur zuhört und mitdenkt. Bisweilen hatte ich mich ja am rechten Rand der besorgten Patrioten umgeschaut und dabei so manche mehr oder weniger liebenswerte Schrulle der neuerdings politisch motivierten „Fotze"- und „Volksverräter"-Krakeeler gefunden. Diese Menschen machen es einem oft nicht leicht, sein Vaterland ohne Ekelgefühle zu lieben. Diese Erfahrung werden Sie sicherlich auch schon gemacht haben. Ich habe für mich beschlossen, dass ich mir von diesen Gestalten meine Liebe zu meinem Heimatland nicht in den Dreck ziehen lasse. Doch genauso wenig mag ich das, wenn die andere Seite über alle Stränge schlägt und unbedingt zeigen will, wie sehr sie alles Deutsche an sich und im Besonderen ablehnt. Die Rede ist von unseren Nachbarn und Mitbürgern, die neuerdings beschlossen haben, aus diesem Land ihre persönliche Privat-Türkei zu machen. Leute, die sich zusammenrotten, um von deutschem Boden aus für die Todesstrafe in der Türkei zu demonstrieren und uns neuerdings alle Backe lang

klarmachen, dass hier bald ein anderer Wind wehen würde. Und dass sie auf Deutschland im Allgemeinen und Speziellen scheißen. Anscheinend glauben die echt, dass dieser Erdogan demnächst mit seinen Horden hier einmarschiert und ein Sultanat nach seinen und damit auch deren persönlichen Vorstellungen errichtet. Da weiß man schon gar nicht mehr, wen man schrecklicher finden soll, die AfD-Nörgler oder diese Neo-Osmanen, die teilweise seit Jahrzehnten hier leben und noch immer nicht verstanden haben, dass „Bullenschlampe" gar keine anerkannte Berufsbezeichnung in Deutschland ist. Leute, die bis heute nicht verstanden haben, dass man Fremde mit der höflichen Anrede „Sie" bedenkt und ihnen nicht beim Sprechen mit den Griffeln vor dem Gesicht herumfuchtelt. Leute, deren Frauen daheim hocken und auch nach vielen Jahren in Deutschland nicht einmal in der Lage wären, beim Elternsprechtag zu verstehen, was „die Mann da an Tisch" über ihre Kinder zu sagen hat, weil sie sich den ganzen Tag den Kopf vollknallen lassen mit türkischem Dudelfunk. Leute, die falsch herum die Einbahnstraße hochfahren und dem Polizisten dann kackfrech ins Gesicht sagen, dass sie nicht wüssten, was das rote Schild mit dem weißen Querbalken bedeutet und dass er ein Nazi sei.
Ich komme da jetzt nicht aus Zufall drauf. Denn am vergangenen Wochenende durfte ich knapp zwei Stunden lang „Bosporus live in Kreisliga B" erleben. Mein geliebter Heimatverein, der sich sehr wacker in der zweituntersten Liga des deutschen Spielbetriebs tummelt, hatte eine Mannschaft zu Gast, die sich nicht FC, Borussia, Fortuna oder Victoria nennt, sondern Ay-Yildizspor. Das Ganze natürlich dann noch versehen mit dem entsprechenden Städtenamen.

Das Spiel hatte Dynamik, was ich als erfahrener und versierter Ex-Bambinitrainer durchaus sagen kann. Es fielen neun (!) Tore und am Ende siegte die Heimmannschaft. Was sich bis dahin aber auf dem Acker der Ehre zutrug, das hatte schon operettenhafte Züge. Zeitweise erinnerte es an eine Sammlung von Outtakes der frühen Bruce-Lee-Filme oder eine Trainingseinheit der italienischen Nationalmannschaft. Wenn die gut frisierten Herren mit den geometrisch gestutzten Tuckenbärten, die im Auswärtstrikot der türkischen Nationalmannschaft aufgelaufen waren, sich nicht im waagerechten Anflug auf den Körper eines Gegenspielers befanden, lagen sie weinend auf dem Boden und starben den Tod der Märtyrer, inklusive Rudelbildung und gemeinsamen Wehklagens. Geradezu filmreif wurde es bei dem Versuch des Schiedsrichters, einen Elfmeter zu Ungunsten der Gastmannschaft ausführen zu lassen. Etliche Male musste er den Ball zurücklegen auf den definierten Elfmeterpunkt, weil einige Spieler und Mannschaftsbetreuer partout einen fiktiven Dreizehnmeterpunkt bevorzugten und den Ball auch immer wieder dort begleitet von viel Gestus und Aufpludern ablegten. Der Torwart hüpfte wie auf Speed durch den gesamten Torraum und vollzog dabei anscheinend männlich gemeinte Gesten in Richtung des Torschützen und es dauerte noch einmal geschlagene fünf Minuten bis das letzte türkische Auswärtstrikot aus dem Strafraum und der letzte mitgereiste Zuschauer vom Platz verschwunden war. Und dann verwandelte der doch an sich extrem beeindruckte Schütze auch noch den Strafstoß. Was dann erst einmal los war, können Sie sich vielleicht vorstellen. Um mich herum wurde schon die Befürchtung laut, dass jetzt mit Selbstmordattentaten zu rechnen sei. Die blieben aber aus.

Ich brauche so etwas ehrlich gesagt nicht wirklich. Wir befanden uns in der Kreisliga B am linken Niederrhein und nicht beim heiß-umkämpfen WM-Finale gegen Portugal oder Island. Ich täte mir herzlich wünschen, wenn der eine oder andere Neo-Osmane, der diese Zeilen vielleicht tatsächlich liest, sich mal im stillen Kämmerlein Gedanken macht, ob Deutschland und seine Kartoffeln nicht ein bisschen mehr Respekt verdient haben. Denn sie erdulden diesen ganzen Mummenschanz jetzt schon seit Jahrzehnten stoisch und respektvoll. Respekt, das muss man wissen, ist ebenso wie Integration keine Einbahnstraße.

Dezember 2016
Blicken wir zurück auf 2017 – ein Jahr, das es so nicht geben sollte!

Geht das eigentlich nur mir so oder haben Sie auch ab und zu das Gefühl, dass die Jahre irgendwie immer bekloppter werden? Immer, wenn man denkt, dass das die Krönung gewesen sein muss, setzt das kommende Jahr noch eins drauf. So war das, als wir 2015 hinter uns gebracht hatten. Da habe ich allen Ernstes gedacht, dass es 2016 ein bisschen ruhiger zugeht. Pustekuchen! Antanz am Kölner Dom, Terror, Brexit, Amoklauf in München, Amokfahrt in Nizza, der versuchte Putsch in der Türkei und seine schlimmen Folgen und dann noch Donald Trump ... im Prinzip wäre die Liste der Gründe dafür, dass 2016 das bislang mit Abstand bekloppteste Jahr war, unendlich. Da hat es aus dem Stehgreif den ersten Platz geschafft. Und wissen Sie was? Ich gehe mit Ihnen jede Wette ein, dass es diesen Platz nur knapp ein Jahr innehaben wird. Denn 2017 – da würde ich die nächste Wette eingehen – wird garantiert mit Leichtigkeit noch eins draufsetzen. Damit wir aber nicht schon im Februar dastehen und glotzen wie der Ochs´ vorm Berge, können wir den Jahresrückblick einfach schon jetzt verfassen - also, den auf 2017! Dann sind wir nicht ganz so geschockt und vielleicht sogar ein bisschen erfreut, weil es am Ende doch nicht ganz so bescheiden gekommen ist, wie wir es uns ausgemalt haben.

Also: Das zurückliegende Jahr 2017, liebe Leser, wird uns in Erinnerung bleiben als das Jahr, in dem der Kontakt mit außerirdischen

Lebewesen komplett in die Hose gegangen ist. Wer konnte auch ahnen, dass die kleinen grünen Racker ausgerechnet im Garten des Whitehouse landen mussten? Selbst schuld, dass sie jetzt nach Mexiko abgeschoben worden sind. Aber 2017 wird auch das Jahr sein, an das man sich als das „Jahr der verkorksten Wahlen" erinnern wird. Das Ergebnis ist die Minderheitenregierung aller demokratischen Parteien gegen die AfD. Die hat besonderen Zulauf, seit jeden Monat tausende Amerikaner in abenteuerlichen Booten über den Atlantik geschippert kommen, um hier Asyl zu beantragen. Dieser Ansturm wurde dann sogar den Nordafrikanern zu viel, die wieder abgezogen sind, weil es in ihren Herkunftsländern sicherer zu sein scheint als hier bei uns mit den ganzen bis an die Zähne bewaffneten Amis. Weiß eigentlich einer, weshalb deren Boote immer „Mayflower" heißen und weshalb sie nicht davon abzubringen sind, immer alles mit bunten Glasperlen bezahlen zu wollen? Na, das wäre ja noch nicht einmal das Schlimmste gewesen. Denn eine funktionierende Justiz haben wir ja nicht mehr, seit ein gewissen Recep Dingsbums Erdogan jede Woche einige Wagenladungen voll mit Beleidigungsklagen bei den deutschen Gerichten abladen lässt. Eine Forsa-Erhebung hat kürzlich ergeben, dass jeder Deutsche im Durchschnitt 2,38 Klagen von diesem Herrn am Batzen hat. Kleinkinder, Nonnen und Komapatienten eingeschlossen. Aber das soll ja bald abebben, hat unser Bundespräsident Wendler versprochen. Ein paar Konzerte in Ankara und Istanbul werden das schon richten. Sein Wort in Gottes Ohr. Der FC Bayern München ist zum Deutschen Dauermeister erklärt worden, und zwar neben Fußball auch in den Sportarten Minigolf, Fingerhakeln, Watschentanz, Memory und

Basketball. Immerhin konnte verhindert werden, dass Helene Fischers „Atemlos durch die Nacht" zur Nationalhymne erklärt wird. Sie sehen selbst: es mag uns zwar deftig zugesetzt haben, dieses Jahr 2017, aber kleinbekommen hat es uns nicht! Und so wird es auch 2018 sein und 2019.

Also, liebe Menschenfreunde im Geiste, heben wir die Tassen auf das nächste bekloppte Jahr, das sich an uns die Zähne ausbeißt! Ich freu mich drauf. Bis demnächst!

Januar 2017

Männergrippe – „Stell dich doch nicht so an!"

Wie ein Menschenfreund gegen die Geißel des 21. Jahrhunderts ankämpft. Eine schonungslose Dokumentation über Heldenmut und Volksmedizin, die nachdenklich stimmen sollte.

Mittwoch, 16 Uhr

Ich bin befallen! Meine Knochen tun weh, ich bin so unleidlich und alles ist irgendwie „mimimi". Meine Nase schwillt langsam zu und der Hals tut auch arg weh. Ich weiß, dass die nächsten Stunden darüber entscheiden, ob ich noch einmal einen Frühling auf dieser Welt erleben werde.

Mittwoch, 16.30 Uhr

Die ersten Symptome machen ein handbuchgerechtes Funktionieren kaum noch möglich. Ich werde mein Leid in den Dienst der Wissenschaft stellen und eine akribische Dokumentation des Verlaufs dieser heimtückischen Krankheit „Männergrippe" liefern. Mittlerweile habe ich meine dicken Socken und mein Kranker-Helmut-Sweatshirt an und auf dem Sofa Stellung bezogen. Als Freund der Volksmedizin habe ich mich für einen Rum mit heißem Wasser und viel Zucker entschieden. Meine Gattin hat neumodischen Kram aus der Apotheke zur Hand. Der wirkt aber nur bei minderschweren Frauengrippen!

Mittwoch, 17 Uhr

Auf einem Bein kann man nicht stehen. Das zweite volksmedizinische Heißgetränk zeigt Wirkung. Meine Gattin meint, ich solle mich nicht so anstellen. Wenn die wüsste! Bei RTL schreien sich Laienschauspieler an. Es geht um Unterhalt und eine Stripperin, wenn ich es noch richtig verstehe. Probleme haben die …

Mittwoch, 18.30 Uhr

Ich entdecke eine Nebenwirkung der Männergrippe: Sie stielt Zeit. Rund 90 Minuten sind weg. Die schreienden Laienschauspieler sind auch weg. Die schlimmen Schmerzen sind noch da, ebenso wie der in Watte gepackte Kopf. Ich greife zu einer erneuten Dosis Volksmedizin, diesmal etwas mehr. Soll ja wirken. Ich ergebe mich dem Dämmerzustand und der Lethargie des Dahinsiechens. Die Erkenntnis der Endlichkeit des Seins trifft mich mit voller Härte. Mein bisheriges Leben zieht an meinem inneren Auge vorüber. Was, wenn ich nie wieder Klavier spielen kann. Nicht, dass ich es vorher gekonnt hätte, aber da war es egal. Darauf noch etwas Volksmedizin. Lustige Pinguine reiten winkend auf Einhörnern durch das Zimmer und rufen mir aufmunternde Sachen zu. Ich ignoriere sie. Ebenso wie die Besorgnis meiner Gattin angesichts meines Wunsches nach einer weiteren Dosis Volksmedizin.

Mittwoch, 21 Uhr

Die Pinguine sind weg. Dafür läuft „Grey's Anatomy". Das würde es nie geben, wenn ich noch gesund wäre. Meine Knochen sind zu schwer, um zu gehen. Außerdem dreht sich alles. Männergrippe eben, verdammte!

Mittwoch, irgendwann mal
Keine Ahnung, was da im Fernseher läuft. Meine Gattin meint, sie hat Fieber. Na, die kann sich was anstellen.

Mittwoch, Sternenzeit 2671.17
Dass wid nix mer. Meine krffte schwindn zunehemt. Fasuche zu schpreschn. Gattinn macht freiwiilig Volksmedisien. Von wegn Fieba – Stimulantinn! Wer dreht dass Zimer?
    Wenn das nicht auuufört kannsch für nix
    Garanieern
    …..
    börps

Donnerstag, 12 Uhr
Ich habe es überlebt. Die Kopfschmerzen sind noch da. Sonst bin ich wieder gesund. Jetzt ist meine Gattin „krank". Die kann sich was anstellen.

Februar 2017
Die vegetarische Bratwurst im Oval Office

Es ist ja schon erstaunlich, wozu das menschliche Hirn so alles in der Lage ist. Man schaue sich nur in der heutigen Welt um, um die nötige Ehrfurcht vor diesem Wunder der Natur zu bekommen. Man haut auf ein Plastikding an der Wand und schon geht das Licht an oder aus. Früher musste man immer mühsam Steine gegen die Glühbirnen werfen, wenn man es etwas gemütlicher haben wollte. Ach nee, die wurden wohl zeitgleich mit dem Lichtschalter entwickelt, sonst würde das keinen Sinn ergeben. Unsere gesamte Welt ist voll von den Produkten des menschlichen Hirns, vielleicht ist sie sogar nur ein Produkt desselben. Sie sehen also: Hirn kann man nie genug haben. Allerdings kommen auch immer wieder Leute mit nicht so viel Hirn auf Ideen. Und was für welche! Die Ergebnisse kennen wir alle: Zum Beispiel Skispringen auf allen Kanälen. Gerade wenn die meisten Menschen nach Weihnachten frei haben und sich auf eine gemütliche Zeit vor der Glotze und einen schönen Film freuen, wird man tagsüber mit Bildern von Menschen gefüttert, die sich ohne jede Not auf Holzbrettern von Schanzen oder Abhänge hinabstürzen. Der Sinn dieser Randsport-Events erschließt sich zumindest mir als Flachlandtiroler nicht wirklich. Ebenso Pferdesport, die Wollnys, Tanzturniere oder die Sendung „Bares für Rares". Das alles haben sich menschliche Hirne ausgedacht, um … ja, warum eigentlich? Wahrscheinlich, um uns zu verwirren und immer wieder mit Neuem zu beglücken, bei dem man wenig bis gar nicht nachdenken soll.

Nun kann man solchen Machenschaften ja durch gezielte Verweigerung der täglichen TV-Dosis entgegenwirken. Doch es kommt noch schlimmer, denn die absurden und an sich sinnfreien Produkte und Dienstleistungen erobern unseren Alltag überall. Neuerdings soll man ja zum Beispiel irgendwelche heldenhaften Lieferanten anrufen, wenn man eine Pizza gebracht bekommen möchte. Nicht mehr beim Italiener um die Ecke, der einen kennt und weiß, wie man seine Pizza gerne hat. Nein, bei einer anonymen Servicenummer soll man anrufen und bekommt dann von irgendwo eine teurere Pizza geliefert, bei der garantiert doppelt Käse und extra Knoblauch vergessen worden sind. Doch selbst, wenn man sich bei der Herbeibringung geeigneter Nahrung auf die eigene Familie verlässt, kann man sich schon ziemlich verlassen vorkommen. Neulich zum Beispiel kamen meine Gattin und mein Sohn von einem Besuch des Supermarktes zurück und grinsten über alle acht Backen, denn sie hatten mir „etwas Besonderes" mitgebracht. UI, da war meine Freude aber groß. Allerdings nur so lange, bis ich sah, was die beiden mir Gutes angedeihen lassen wollten. „Vegetarische Bratwurst" las ich nämlich auf der Verpackung und war basch erstaunt. Gibt es so etwas überhaupt? Das ist ja wie alkoholfreies Bier, torfreie Fußballspiele oder THC-freies Haschisch. Sie können sich vorstellen, dass da quasi eine Welt zusammenbrach für mich und ich kurz davor war, mich als Einsiedler in ein nahes Waldgebiet zurück zu ziehen. Das fröhlich-schelmische Gelächter der beiden riss mich dann aber aus meiner Agonie und ich stimmte etwas verhalten ein. „Spaß muss sein", predige ich den beiden ja immer gerne. Und das gilt auch für mich.

Trotzdem ließ mich diese Erkenntnis nicht mehr in Ruhe: In der heutigen Zeit gibt es nichts, was es nicht schon quasi gleich geben könnte. Man muss sich nur völlig gegensätzliche Dinge ausdenken und sie kombinieren. Und schon hat man vegane Wurst, exklusive Schnäppchenangebote oder bequeme Reizwäsche. Und was noch schlimmer ist: Das betrifft unser gesamtes Leben. Ob umweltfreundliche Dieseltechnologie, die einen Ausstoß produziert wie fünfzehn alte Hanomag-Trecker oder ein Soap-Darsteller und Börsenhasardeur mit Betonfrisur, der demnächst vom Oval Office aus per Twitter regiert … – Wer weiß, was da noch kommt. In Zeiten, wo es eine vegetarische Bratwurst ins Weiße Haus schafft, ist alles möglich. Ich persönlich werde mich da raushalten so gut ich kann. Und Ihnen rate ich dasselbe. Bestellen Sie Ihre Pizza wie gehabt bei Ihrem Italiener und liefern Sie sich nicht Helden aus, die die Welt nicht braucht.

März 2017
Auf diese Steine können Sie schauen

Über das Ankommen in der Welt der Hippen und Coolen und das Herumliegen auf fernen Hochebenen.

Seit einigen Jahren leitet sich ja, ob man als „irgendwie gerade noch so in" angesehen wird, daraus ab, wie oft man auf sein Smartphone schaut. Ich hatte mich ja schon gelegentlich über die Mitmenschen ausgelassen, die die Welt scheinbar nur noch für bare Münze nehmen, wenn sie sie via Google oder Snapschiet auf ihr Phone gezaubert bekommen. Ich dachte ja auch noch lange, dass sich das irgendwie aussitzen lässt. Irgendwann sind die durch mit dem doof sein und wir können wieder zur Tagesordnung übergehen. Pustekuchen. Das ist jetzt schon so normal, dass sogar die Werbung auf diese Menschen reagiert und ihr tägliches „Leben" zu Werbespots verarbeitet. Also Selfies machen und mit den Fingern über das Phone wischen, während man am Strand sitzt und eigentlich vollauf zufrieden sein sollte, weil da die Sonne untergeht. Kennen Sie nicht? Echt jetzt? Dann überkommt Sie vielleicht gar nicht der Trieb, sich über Smartphone-Tarife zu informieren oder wenigstens Panzerschlacht mit neuen Features zu spielen, wenn Sie jetzt oder demnächst an einem Strand säßen? Mich auch nicht. Aber wenn man der TV-Werbung folgt, ist das der Sinn des modernen Lebens im fortgeschrittenen 21. Jahrhundert. Nicht, dass man überhaupt der Werbung etwas glauben sollte. Die Werbung ist ja an sich so wenig seriös, dass nicht einmal die Montagsmarschierer und postfaktischen Krakeeler sich einfallen lassen würden, sie als „Lügenwerbung" zu bezeichnen. Was die Werbung jedoch wie jedes gute Betäubungsmittel beherrscht, das ist die Darstellung der gesamtgesellschaftlichen Träume und Wünsche. Und so ganz tief im Herzen wären wir doch alle gerne wie dieser Pavian mit dem dämlichen Dutt am oberen Hinterkopf, der gleichzeitig vom Mund an abwärts bis über die Brustwarzen hinweg völlig bewaldet ist und dessen Arme aussehen wie eine Höhlenwand nach einer steinzeitlichen Drogenorgie mit Pilzen und Beeren. Oder die glückliche junge Frau, die jetzt parshipt und sich im Minutentakt verliebt in Singles mit Niveau, während sie beim Yoga ihre Gelenke ausrenkt. Und die sind nur so irre glücklich, weil sie mit O2 oder sonst wem alle paar Minuten auch noch ihre Tarife, Versicherungen und vielleicht sogar ihr Geschlecht wechseln können. An sich klingt das bescheuert. Aber das ist das, was uns angeblich so glücklich macht. Und deshalb muss man heute zumindest so tun, als ob das eigene Seelenglück davon abhängt, dass man auf dem Weg zur Arbeit mit den Spielberichten der NBA oder anderen wichtigen Informationen versorgt wird und man auch auf dem Klo mobil erreichbar ist. Sonst ist man oldschool und sogar die Vorschulkinder versuchen, einen über den Leisten zu ziehen, weil man es ja mit den Alten machen kann. Das habe ich erkannt und reagiert. Also gab ich meinem Sohn den Auftrag, mir eine App auf das Handy zu zaubern, mit der ich mich „interessiert" beschäftigen kann, wenn ich irgendwo unter Leuten bin oder auf dem Weg von A nach B. Es ist nämlich blöd, wenn man der einzige ist, der nicht auf seine Hände starrt und wenigstens so tut, als sei das, was er da sieht oder herbeiwischt wichtiger als die Welt um ihn herum. Und zu denen wollte ich auch gehören. Selbst wenn ich nur die Schritte angezeigt bekomme, die ich an dem Tag zurückgelegt habe. Mein Sohn kam also mit einer Lösung, die mir wie auf den Leib geschneidert ist. Und was jetzt kommt, habe ich mir wirklich nicht ausgedacht. Bei meiner Ehre als Menschenfreund. Das, was mich also dermaßen zufrieden stellt und als hippen Typen erscheinen lässt (zumindest in meinem Kopfkino), das ist – und jetzt halten Sie sich fest – das ist DER STEIN-SIMULATOR. Allen Ernstes! Der Stein-Simulator ermöglicht es dem Spieler hyperrealistisch, das Leben eines Steins nachzuvollziehen. Ohne Scheiß. Das gibt´s kostenlos in diesen Krimskrams-Shops, die das Handy nebenher betreibt, wenn es nicht gerade mitzählt, wie viele Schritte Sie am Tag gehen oder wie oft Sie der Flatulenz frönen. Seitdem spiele ich Stein. Die Umgebung ist für meine Begriffe sehr realistisch dargestellt. Ich liege scheinbar auf einer sehr windigen Hochebene, zumindest pfeift der Wind ganz ordentlich und im Hintergrund sieht man schroffe Gebirgsformationen. Hier könnte man Männerdeo-Werbung ansiedeln oder Informationen über den Tarifwechsel beim Handy. Ich stelle mir gerne vor, es sei im Himalaja oder in den Anden. Eifel fände ich nicht so cool. Ist aber auch unwahrscheinlich, denn seit Wochen ist außer Rumliegen und Windpfeifen nichts passiert. Das kann ich aber im 360-Grad-Panorama oder auch aus dem Stein heraus miterleben. Das ist schon ergreifend. Und so sitze auch ich jetzt zwischen den anderen Real-Life-Usern in der Wartezone irgendwelcher Institutionen oder in der Bahn und komme mir vor, als würde ich dazugehören. Ich habe sogar Knöpfe im Ohr und täusche so konzentrierte Zurückgezogenheit vor. Ab und zu ahme ich einen beseelten Blick nach, als ob ich gerade wie in der Werbung meine sämtlichen Tarife gewechselt oder geparshipt hätte. Muss ja realistisch wirken. Aber sonst lässt sich prima pennen. Himalajawind ist fast so gut wie Bob Ross und seine unvergessene Stimme, mit der er freundlich die Nutzung eines bestimmten Pastelltones mit uns debattierte. Auch dazu konnte ich prima wegdösen und vorher meinen eigenen Gedanken beruhigt nachhängen. Als ob man eine Katze mit Schnurrautomatik auf dem Schoß hat. Letztendlich, das weiß ich jetzt, war ich immer auf der Suche nach dem Stein-Simulator oder einem ähnlich anspruchsvollen Spiel. Vielleicht gibt es auch irgendwo einen Prä-Urknallsimulator zu entdecken, mit dem ich mich in ein … äh … was auch immer hineinversetzen kann. Es ist so einfach hipp zu sein und trotzdem seine Ruhe zu haben. Ein Hoch auf den Stein-Simulator!

April 2017
April, April!

Derzeit ist man ja geneigt zu glauben, dass wir feststecken. Kalendarisch. Seit geraumer Zeit haben wir nämlich den ersten April. Ist Ihnen das noch nicht aufgefallen? Man kommt ja kaum noch hinterher, wenn man alle dieser lustigen Scherze und Uzereien wirklich genießen will. Da hat man sich gerade schenkelklopfend weggeschmissen, weil die türkische Regierung in Sachen Realsatire und Comedy mächtig zugelegt hat und einen Brüller nach dem anderen raushaut. Und schon wartet an der nächsten Ecke der nächste Scherzkeks auf einen, um die nächste Frohsinnsrakete zu starten. Zum Beispiel in Holland, wo man uns das nicht ganz so schlimme Abschmieren des bürgerlichen Lagers bei den Wahlen als Sieg der Demokratie unterjubeln und am liebsten wieder zur Tagesordnung zurückkehren will. Als ob dieser Heino-Imitator mit seiner One-Man-Show nicht immer noch zweitstärkste Kraft im Parlament wäre. Augen zu und durch! Ein bisschen pauschaler Generalverdacht gegen alle muslimischen Immigranten wird das weichgezeichnete oder weichgekiffte Bild vom Land der Tulpen und Koffieshops schon nicht beschädigen. Wird es nicht? April, April! Aber schauen wir doch einfach ins eigene Ländle. Da überbieten sich die Meinungsmacher allenthalben im Spagat zwischen schleichender Anerkennung der AfD-Komiker und ebenso schleichender Ausgrenzung eines Teiles der Bevölkerung. Wieder warte ich auf das fröhliche zweimalige Anrufen des Frühlingsmonats. Und wieder

kommt es nicht. Oder bei den zuvor gescholtenen Türken. Viele davon haben ja durchaus eine gute Bildung genossen. Und trotzdem treten sie vor allem in Rudeln derzeit gerne so auf wie ein pakistanischer Lynchmob und radebrechen sich durch die Fakten der Zeitgeschichte oder verbrennen wahlweise vor laufenden Handykameras belgische und französische Fahnen, weil sie was gegen Deutsche und Holländer haben. Zugegeben, das war lustig. War Mario Barth auch mal. Aber immer noch ruft keiner „April, April". Vielleicht wäre das auch tatsächlich nicht abgebracht, weil der Gag noch nicht beendet ist. Dann kann man sich aber auch noch humorvoll einbringen. In der türkischen Community gilt ja die Meinung, weil man hier in Deutschland Steuern gezahlt habe, könne man auch das Land nach den eigenen Vorstellungen gestalten. Der Gedanke hat was. Vor allem, wenn man ihn konsequent weiterdenkt. Gilt das Recht auf Schaffung eines maßgeschneiderten Landes in Deutschland nur für nationalistisch denkende Türken oder auch für die, die „das Volk" sind? Für Vorwärtseinparker und Aluhelmträger? Oder für praktizierende Pädophile, Nekrophile und Sodomisten? Todesraser und Paketbombenversender? Na? Jetzt bi ich mal dran mit „April, April". Wenn es schon sonst keiner ruft.
Ich freue mich auf den Mai. Und das meine ich ganz ehrlich.

Mai 2017
Ein dreifaches Hoch auf die Heimwerkerei!

In Zeiten der zunehmenden Entmündigung durch all die Rundum-Sorglos-Angebote im Abo gibt es kaum noch Gelegenheit, sich als Mann unendlichen Gefahren auszusetzen, um am Ende erfolgreich und charakterlich gestählt ein viel männlicherer Mann zu sein. Einer, der ohne fusselige Kinnbalken, klotzblöde Dutts am Hinterkopf und ein Übermaß an bunter Tinte in der obersten Hautschicht würdevoll durchs Leben kommt. Einer, der um die Herausforderungen und Gefahren der Heimwerkerei weiß. Ja, ich meine die hohe Kunst, sich im Namen des Wohnfortschrittes seiner Familie in Gefahren zu stürzen und trotz der einen oder anderen Blessur eine gute Figur zu machen. An der Hilti ist das leichter als an diesem nutzlosen Dremel, mit dem laut Werbung nahezu alles ging oder gegangen wäre – wenn er die erste Inbetriebnahme heil überstanden hätte. Solche lustigen Gerätschaften sind höchstens beim Basteln oder Werkeln sinnvoll. Und damit – einem spleenigen Hobby vergreisender Könige – hat Heimwerkerei nichts zu tun. Die riecht nach Schweiß, Testosteron und dem nicht fachgerechten Einsatz höchstgefährlicher Maschinen. Da sind Verletzungen ebenso vorprogrammiert wie das eine oder andere „oh Gott" und „Pass auf dich auf", das ich in solchen Momenten von meiner Gattin erwarte. „Heimwerkerei", in diesem Wort schwingt Heldentum mit, ein höheres Ziel und sogar die Verheißung eines Stücks vom Paradies. „Gehe hin und tue dies und das und mein Dank wird dir ewig gewiss sein." So oder so ähnlich höre ich meine Frau in meinen Träumen sagen und schon beginnt, was im Mittelalter als „Heldenreise" bezeichnet wurde. Und keine Jahreszeit eignet sich besser für ein aberwitziges Unternehmen mit zweifelhaftem Ausgang als der Frühling, speziell der Wonnemonat Mai. Dann juckt es mich in den Fingerspitzen, wenn ich wehmütig über die Narben streiche, die ich mir in den vergangenen Jahren durch Heimwerkerei zugezogen habe. Da ist die rund zehn Zentimeter lange Narbe am linken Unterschenkel, weil ich in Schlappen auf Tonnen herumgeklettert bin. Als ich abgerutscht war, konnte man bis auf den Knochen gucken. Musste genäht werden. Und da ist mein Daumennagel, der nie wieder anders aussehen wird als ein Stück Borke. Aber ich konnte die Vermutung zur Tatsache erheben, dass man eine Schlagbohrmaschine nicht mit dem Daumen gestoppt bekommt. Nicht, dass ich das je vorhatte. Das ist einfach so passiert und hat verdammt wehgetan.

Natürlich könnte man zum Beispiel eine spezielle Leiter besorgen, wenn man unbedingt das Treppenhaus streichen will. Eine, die sich den Höhenunterschieden der Stufen anpasst und sogar ein TÜV-Siegel trägt. Aber sind wir etwa Mädchen? Oder sind wir Heimwerker? Eben! Also bauen wir wackelige Konstruktionen aus fragwürdigen Materialien und begeben uns ans Werk, der Gefahr ständig bewusst, der wir uns durch dieses Tun aussetzen. Heimwerker, das sind Menschen, die niemals zum Stromprüfer greifen würden, um zu sehen, ob Strom auf dem Kabel ist, das da aus der Wand schaut. Das ist nur was für die ganz Harten und tut auch sehr weh. Deshalb der Rat des

Menschenfreunds: Nicht zu Hause nachmachen. Und auch sonst nirgendwo! Außer man ist wirklich zu allem entschlossen und sich der Konsequenzen bewusst. In der Notaufnahme habe ich im Rahmen eines meiner Einsätze einen wahren Meister der Heimwerkerei kennengelernt. Der hatte sich bei ein und demselben Projekt zwei Finger abgesäbelt, aber mit mehrmonatigem Abstand. Die blutige Fingerwurst vom letzten Versuch hatte er in einem ausgespülten Senfglas dabei. Das hatte seine Frau bereitgestellt, was ich für sehr umsichtig halte. Und damit wären wir bei der Rolle der Frauen. Meine zum Beispiel versteht es, die Schimpfe sehr dezent zu verpacken, wenn sie mich tröstet und diverse Blessuren mit Pflastern verarztet. Und damit ich nicht ganz den Mut verliere, schwingt auch immer ein bisschen Bewunderung mit. Und um die geht es uns Heimwerkern doch in Wirklichkeit!

Juni 2017
Jedem seine Extrawurst!

Wir Deutsche sind ja weltweit bekannt für unsere Disziplin. Man wirft uns gerne „Obrigkeitshörigkeit" vor und auch „Untertanendenken". Und man macht sich gerne lustig über uns. Dabei sind das längst überholte Vorurteile, die auf uns ebenso wenig zutreffen wie die Unterstellung, dass Italiener automatisch Granaten im Bett und Amerikaner verschrobene freiheitsliebende Individualisten mit dem Herz am rechten Fleck seien. In Wirklichkeit sind wir Deutsche nämlich die charmanten Chaoten, die gerne mal fünfe gerade sein lassen und sich nur zu gerne über Konventionen hinwegsetzen. Schließlich will ja keiner allen Ernstes sein, wie „die Deutschen". Mit Filzhut und Gamsbart, mit Dackel und Bratwurst. Nichts gegen Bratwurst, verstehen Sie mich nicht falsch! Aber insgesamt hat „deutsch" schon etwas fast Anrüchiges bekommen. Und um bloß nicht „deutsch" daherzukommen, proben die Deutschen nun allenthalben das Aus-der-Reihe-Tanzen und ersetzen die Bratwurst durch die Extrawurst. Wer heute was auf sich hält, der gönnt sich neben einem dieser idiotischen Hipster-Bärte seine kleinen Extrawürste. Der lenkt sein Mountainbike ausschließlich über Bürgersteige und stellt Hauseingänge damit zu. Der parkt mit seinem SUV den Behindertenparkplatz zu, weil der breit genug ist für die rollende Penispumpe. Oder stellt sein Auto in Sichtweite gähnend leerer Parkplätze mitten auf den Bürgersteig und grinst den Omis, die ihre Rollatoren über die Straße an der Karre vorbei schieben müssen, frech-lustig zu. „Schau mal, ich bin unkonventionell", scheint er zu

29

sagen. „Du musst mich bewundern und liebhaben." Und den Einwand „Stell dir mal vor, das täten alle" kontert er intellektuell ausgefeilt mit „Tun sie aber nicht, sondern nur ich". Denn eine Extrawurst auf zwei Beinen ist felsenfest davon überzeugt, dass sie die einzige ist, die so etwas tut und es auch noch darf. Die denkt sich gar nichts dabei und geht an der Schlange der Supermarktkasse vorbei, weil sie die einzige ist, die es eilig hat. Die mischt sich auch mit völlig sinnfreien Zwischenfragen in die Verkaufsgespräche anderer ein und tut empört, wenn man ihr Prügel anbietet. Ja, wieso man sich denn so anstellen würde. Man solle mal locker im Schritt bleiben. Also Leute gibt's …

Ich wohne mit meiner Familie gegenüber einer Kinderarztpraxis und erlaube mir den Luxus eines Stellplatzes für mein Auto gleich vor der Haustür. Der ist auch als solcher ausgewiesen und sinngemäß steht da: „Dieser Parkplatz ist ausschließlich für den Menschenfreund, der hier wohnt vorbehalten." Alle Backe lang muss ich jedoch Eltern von dem Parkplatz verjagen, die ihn mit der Begründung benutzen, ihr Kind sei krank und da müsse ich doch wohl Verständnis für haben. Und auch dafür, dass nach dem Arztbesuch ein Eis auf dem Markt und ein Plausch mit anderen gestressten Eltern kranker Kinder folgen muss. Hab ich aber nicht! Denn wenn es danach ginge, sollte ich vielleicht gar nicht da wohnen. Da sind immer kranke Kinder, außer mittwochs nachmittags! Und wenn ich das bei den einen verstehe, stehen die anderen gleich Schlange und sagen „Wenn der darf, dann darf ich auch". Denn dann wird die Extrawurst schnell zum Grundnahrungsmittel für alle, die zu faul sind, ihre Ärsche die 50 Meter vom ausgeschilderten Parkplatz bis zur

Praxis zu bewegen. Sie merken sicher längst, dass ich der Extrawurst nicht sonderlich zugetan bin. Das liegt daran, dass ich schon immer etwas gegen den Anspruch an Exklusivität hatte. Wenn einer auf den Behindertenparkplätzen stehen darf, dann sollen es alle dürfen. Und alle sollen an der Schlange vorbei gehen. Und sich beim Kebabtürken vordrängeln. Und an der Ampel. Und im Bus. Und beim Konzert. Jawohl, ich fordere eine Extrawurst für alle! Gleich ab morgen stelle ich mein Auto nur noch in den Garageneinfahrten von Familien mit kranken Kindern ab und gehe dann saufen. Oder ich parke quer immer mindestens drei Parkplätze zu, damit Passanten sehen können wie mein Auto von der Seite aussieht. Ach was, ich rufe vor jedem Einkauf im Supermarkt an und lasse eine Kasse nur für mich reservieren. Blöd ist natürlich nur, wenn Sie das ab jetzt auch alle tun. Denn dann macht's keinen Spaß. Vielleicht ist die coole Extrawurst der Zukunft ja, wenn man bewusst nicht auf dem Bürgersteig oder Behindertenparkplatz parkt und in der Kassenschlange mal extra einen durchlässt, weil der nur eine Wurst zu bezahlen hat. Super Wortspiel, ich weiß. Und damit will ich es auch für heute gut sein lassen!

Ist Ihnen eigentlich schon aufgefallen, dass Menschen eines bestimmten Alters kaum noch einen Satz rausbringen, ohne ihn mit mindestens einem „ääähm“ zu füttern? Zumeist, wenn sie irgendwas vermeintlich Wichtiges mitzuteilen haben. Und das haben sie ja in einem fort. Vor allem, wenn sie einen zu den Neuzeitgenossen gehören, die glauben, dass jeder Furz, der ihnen entfährt auf jeden Fall viral geteilt werden muss. Das fängt ganz harmlos an mit dem Foto der Portion Fritten unter #lecker. Dann meint man, man müsse sein aufregendes Leben unbedingt allen per Video mitteilen. Und kommentieren. Jetzt kommt das „ääähm“ ins Spiel. Es ist schwer, dem Störlaut einen adäquaten Namen zu geben. Es ist weder eine Interjektion im Sinne von *„Peng, Peng, ich bin ein Cowboy“* oder *„Huch, du hast mich aber erschreckt“* noch eine Phrase, was eine nichtssagende Redensart ist. Denn „ääääh“ ist nichts. Nicht einmal ein sogenanntes nonverbales Kommunikationssignal. Es ist einfach nur schlechtes Benehmen. Im privaten Geplapper bei Hugo und Latte können die ja „ääähmen“ so viel sie wollen. Aber wenn dann die öffentliche Beachtung eintritt, sollte man sich … ääähm … Mühe geben. Oder die Klappe halten. Es gibt kaum etwas Schlimmeres als diese stammelnden und „ääähmenden“ Fachleute, Augenzeugen und Korrespondenten, die einem täglich zugemutet werden. *„Wie ernst ist die Bedrohungslage denn nun wirklich?“* „Nun … äähm … wenn man … ääähm … bedenkt, dass … äähmm …“ *schnarch* Man bekommt fast den Eindruck, dieser Fachmann hält alle anderen für Hohlbirnen und sucht deshalb verzweifelt nach den einfachsten Worten anstatt zu schreien: *„Panik! Rennt alle im Kreis und schreit was das Zeug hält!!"*

Zu meiner Zeit, also kurz nach der Erfindung des Verbrennungsmotors, hatte das „ääähm" einen sehr schlechten Ruf. Es wurde automatisch mit grenzdebilen und vielleicht sogar sabbernden Gestalten assoziiert, bei denen man sich auch nicht sicher sein konnte, ob die Eltern nicht schon vor der Hochzeit denselben Nachnamen hatten oder zumindest keine Hufe. *„Nun, Kevin, wie viel ist denn zwei und zwei?"* *„ ...Äääääähm .... Ääääääähm .... rot?"* *„Fast richtig, Kevin. Weiter so."*

Von diesem Paria der Kommunikationsinstrumente mauserte sich das „Ääähm" aber mit der Verbreitung der Musiksender und schließlich des Internet zum gerne genutzten Verbalaccessoire, weil es anscheinend Credibility und Authentizität ausstrahlt. *„Schaut her, ich ... äähm ... bin, wie ich ...ääähm... bin."* Und so brähen und ääähmen sie über alles, was sie betrifft. Ob Unboxing unnötiger Trendprodukte oder die spannende Frage, ob man seinen jämmerlichen kleinen Betonbalkon so oder so oder ääähm gar nicht bepflanzen soll. Hauptsache man teilt sich ... ääähm ... mit. Und da das wichtig ist, müssen sie während sie reden auch noch denken. Weil sie ja bevor sie ihre Kamera anschalten und auf sich richten keine Zeit hatten, sich ansatzweise zu überlegen, was für Brüller sie denn wie raushauen wollen. Der Versuch, gleichzeitig zu denken und zu reden führt also scheinbar zwangsläufig zu „ääähms". Und darüber hinaus ist es auch ansteckend. Denn ob Kanzlerin oder Frittenbude – überall wird geäähmt. *„Was darf es sein?"* *„Ja, ääähm ... ich ....*

äääähm ... nehme eine ... äääähm Pommes. " *„Mit was drauf?" „Ja ... äääähm ..." „Der nächste bitte!"*

Jeder muss selbst wissen, wie er damit umgeht. Ich persönlich boykottiere die Äääähm-Fachleute wie ein ordentlicher Wutbürger die Lügenpresse. Egal, was sie mitzuteilen haben. Vielleicht hört es ja irgendwann mal auf. Ich habe jedoch die Befürchtung, dass es spätestens zum ordentlichen Sprachgebrauch gehören wird, wenn die derzeitigen Jungdummies in mein Alter gekommen und dann Altdummies sind. Das ist dann ... äääähm ... scheiße.

August 2017:
Echte Monstertrucks und Bier

Ist es Ihnen auch schon passiert, dass Sie sich unerwünscht fühlen? Ich meine jetzt keine exklusiven Plätze und Orte. Ich meine ganz alltägliche, wie den Supermarkt. Dort hatte ich ein Erlebnis, das ich lange nicht vergessen und deshalb natürlich mit Ihnen teilen werde. Es begab sich nämlich, dass ich mit meiner Gattin gerade einen Wocheneinkauf hinter mich gebracht hatte und den Einkaufswagen zurück brachte. Und da passierte es: Ich war nicht in der Lage, den glatten Wagendollar aus seinem Schlitz zu ziehen. Denn meine an sich sehr filigranen Finger waren zu groß. Ich mühte mich redlich, des Wagendollars habhaft zu werden, doch keine Chance. Nun habe ich sicher keine Schaufelbagger anstelle der Hände. Doch hier stieß ich an meine physischen Grenzen, weil der Produktdesigner vorher an seine imaginativen Grenzen gestoßen war. Scheinbar gibt es in seiner Welt keine Menschen mit ausgeprägten Wurstfingern. Und wenn, dann haben die anscheinend nichts an seinen Einkaufswagen zu suchen. Zum Glück bemerkte ich neben mir einen Mann, dem es ebenso ging wie mir. Er bemühte sich redlich, diesen verdammten Wagendollar aus dem Schlitz zu bekommen und sein Erregungspotenzial stieg von Versuch zu Versuch. Hilfesuchend schaute er mich an, doch ich konnte nur eine hilflose Geste machen und hielt meine anscheinend zu groß geratene Hand erklärend hoch. Da standen wir nun und kamen ins Gespräch. Als international anerkannter und geschätzter Menschenfreund ist das ja eine der leichtesten Übungen für mich. Er erzählte mir also von seiner allgemeinen Unlust, das

Innere des Supermarktes aufzusuchen und bestätigte meine Vermutung, dass man als Mann hier scheinbar gar nicht gerne gesehen ist. Sonst hätten die sich ja einfachere und vor allem auch für großfingerige Zeitgenossen ausgelegte Wagendollarschlitzmechaniken einfallen lassen und die Bestückung der Produktbereiche und Regalreihen wäre irgendwie logischer gestaltet. Wir kamen gemeinsam zu der Überzeugung, dass das schon diskriminierend sei und man an sich solche Geschäfte boykottieren oder sogar eine emanzipatorische Protestbewegung ins Leben rufen müsste. Schon wegen der Gleichstellung und so. Den Gedanken verwarfen wir aber schnell wieder, denn das hätte ja auch bedeutet, dass wir weiterhin dort unsere Zeit verträdeln sollten – und das, wo man uns ja doch nicht dort haben will. Also sponnen wir ihn weiter und kamen schnell als Kompromisslösung auf eine männliche Wartezone vor dem Eingang. Dort könnte man einsatzbereit herumlungern und seine Zeit totschlagen, bis die gute Gattin Einkauf und Warteschlange an der Kasse hinter sich gelassen hat und einen abholt. Ja, ich muss rückblickend sagen: Für diesen Gedanken erwärmten wir uns beide und waren und auch schnell einig, dass es da mit einem Bällebad und einer gepolsterten Fläche zum Herumbalgen nicht getan wäre. Potzblitz, da hatte ich einen Mitstreiter ganz nach meinem Geschmack gefunden, mit dem man so ein Ding von der ersten Unterschriftensammlung über die Blockade des Supermarkteingangs bis zur Enthüllung des zu erwartenden Wartebereiches durchziehen könnte. Jetzt kam es nur noch auf Details an. Auf meine Frage, wie denn eine solche männergerechte Wartezone seiner Meinung nach aussehen würde, bekam er einen träumerischen Blick und sagte: „Egal,

Hauptsache mit echten Monstertrucks und Bier!" Noch mehr Potz und noch mehr Blitz! Das überzeuge mich und so konnte ich dem nur von Herzen zustimmen. Seine Gattin aber nicht. Die war nämlich von hinten an uns herangetreten, hatte Teile des Gespräches mitbekommen und gleich gemerkt, dass da Gefahr im Verzug war. In einer eleganten und vor allem schnellen Bewegung entnahm sie unseren beiden Wagendollarschlitzen die glitschigen Wagendollars und reichte mir meinen mit spitzen Fingern und dem typischen Besorgte-Mutter-Blick, den ich in der Jugend oft zu sehen bekam. Sie kennen ihn. Es ist der, der ihnen sagt: „Wenn ich dich noch einmal in der Nähe meines Jungen erwische, dann gnade dir Gott!" Und schon hatte sie ihn an der Hand und trat den Rückzug an. Ich habe ihn nie wieder gesehen. So kann man natürlich keine erfolgreiche Protestbewegung aufbauen und die Idee der Männerwartezone bleibt leider eine Idee. Wobei … echte Monstertrucks und dazu Bier! Das wäre schon geil, oder?

September 2017
Wer nicht wählen geht, ist doof!

Ist das zu fassen? Jetzt haben wir schon seit fast neun Monaten einen völligen Pfosten als Präsidenten der USA und die Welt ist immer noch ganz. Zumindest wirkt sie noch so wie vorher. Das kann aber auch daran liegen, dass er sich ja erst noch warmmachen muss für die ganz großen Dinger, die er noch im Petto hat. Den Klimawandel hat er schon einmal abgeschafft, indem er nicht daran glaubt. Kürzlich hat er auch den Rechtsradikalen im Süden der USA bescheinigt, „feine Leute" zu sein. Die hatten in Charlottesville gegen die Entfernung eines Denkmals demonstriert und dabei einen Menschen getötet. Schwamm drüber, meint The Donald. So etwas kann ja mal passieren. Sein Gegenrezept: Liebe. Wenn alle sich gegenseitig ganz doll liebhaben, dann ist das mit der politischen Gewalt ebenso schnell vergessen wie dieser blöde Klimawandel.

Die anfängliche Fassungslosigkeit ist einer satten und müden Belustigung gewichen. Wen bekommt man denn hier noch mit Trump-Witzen oder Posts hinter dem Ofen hervorgelockt? Übersättigt winkt man ab, wie nach dem dritten Stück Schokosahne bei Oma. Die Ermüdung beim Thema Trump gehört zum Konzept. Biete den Menschen ein Übermaß an „Ach du scheiße!" und „Das glaubste nich'" und schon hast du so gut wie gewonnen. Dann packt man ganz im Sinne von „Guter Bulle, böser Bulle" noch eine Melania mit schicken Barbiekleidern und großem Knuddelfaktor drauf und die Sache ist geritzt.

Hoffentlich wird dieses Rezept jenseits des großen Teichs bleiben. Obwohl man sich sicher sein kann, dass in Berlin in den Parteibunkern genau an solchen Strategien gefeilt wird. Nur eben subtiler. Merkel setzt neuerdings auf die bloggenden und äähmenden Jungspunde, die sich sonst gegenseitig dabei filmen, wie sie technisches Gerät auspacken und dabei fast ejakulieren. Das soll genau die jungen Zielgruppen erreichen, die sich sowieso keinen Mann als Kanzerlin vorstellen können, weil sie noch keinen erlebt haben. Die FDP setzt auf ihren James Dean. Der inszeniert sich irgendwo zwischen Popstar und sensiblem Rebell, der sein Recht auf Bleifuß im Porsche als liberale Großtat betrachtet und uns alle einlädt, es doch bitte ebenso zu halten. Dabei schaut er aus der Wäsche wie ein Klugscheißer, der sich angesichts der Misere eins lacht und sagt: „Ich weiß, wie es geht, sag aber nix." Die Linken und die Grünen setzen lieber Worte in Szene. Schön plakativ und nichtssagend. Bedingungsloses Grundeinkommen für alle und soziale Gerechtigkeit, Chancengleichheit, gutes Klima und Weltfrieden, kostenloses Lernen von der Wiege bis zur Bahre und dreimal am Tag Freibier. Man kann es sich ja mal aufs Plakat schreiben und die streng aussehende Frau mit dem verrückten „h" im Vornamen daneben bappern. Oder ein grünes Lehrergesicht. Das Tolle ist ja, dass man nie den Beweis erbringen muss, dass das alles auch irgendwie bezahlbar ist.
Die Deutschalternativen haben eine noch bessere Strategie. Sie machen keinen spürbaren Wahlkampf und fallen lieber mit wachsender Lust übereinander her. Kein Wunder. Was bislang Traumgespinste in rückwärtsgewandten Hirnen waren, ist auf einmal greifbar nah. Der Platz im Reichstag („was für ein anheimelnder Ausdruck"),

richtig Kohle auf dem Girokonto und einen Dieseldienstwagen jenseits aller EU-Normen und guten Manieren. Da kann man schon mal den Grund aus den Augen verlieren, wenn man damit beschäftigt ist, Wahllisten zu manipulieren und ungültige Voten rauszuhauen. Denn jetzt fühlt sich jeder Besserwisser und Hassmail-Schreiber berufen, das Schicksal des Volkes in seine auserwählten Hände zu nehmen. Es muss ja nur für die Stimmen derjenigen reichen, die eh alles doof finden und deshalb auch Jörg Wontorra, die Katzenberger oder Enie van de Meiklockjes wählen würden. Ihr Einzug in den Bundesstag ist demnach so gut wie sicher.

Sie sehen also: Die Trumpisierung der deutschen Politik schreitet voran. Ich weiß nicht, wie es Ihnen geht, aber mir bereitet das Kopfschmerzen. Als Menschenfreund bitte ich Sie inständig: Gehen Sie zur Wahl. Auch wenn Sie nicht wissen, weshalb Sie das tun sollten, weil am Ende ja sowieso Merkel und die Sozen weiterregieren. Von mir aus malen Sie die Stimmzettel kreativ aus oder schreiben Sie garstige Worte darauf. Aber gehen Sie zur Wahl. Trump wurde bei eine der niedrigsten Wahlbeteiligungen der amerikanischen Geschichte zum Präsidenten gewählt.

Oktober 2017
Gebt euren Kindern doch wenigstens eine Chance

Die Sommerferien sind vorbei, das Wetter wird schlechter und vor den Schulen beginnt folgerichtig der Ansturm der Familienkutschen und SUVs mit praktischen Kuhfängern, die sich über Bürgersteige und durch Menschengruppen pflügen und Bushaltestellen oder Einfahrten zuparken, um möglichst nah am Eingang zur Schule ihre wichtige Fracht in eine kurze Freiheit zu entlassen. Bis die Kinder, um die es sich natürlich handelt, endgültig in der rettenden Schule verschwunden sind, bleibt man natürlich stehen und überwacht mit Argusaugen, wie sich die Kleinen denn ganz ohne den eigenen Schutz auf den zehn Metern unbeherrschter Wildnis schlagen. Was da alles passieren kann! Ja, was eigentlich?

Jedes Jahr wird zum Ende der Sommerferien das Fass aufgemacht und den Eltern wird aus allen Kanälen ins Gewissen geredet. Sie mögen doch nicht andere Kinder und unbeteiligte Verkehrsteilnehmer gefährden und sollten ihren Kindern zutrauen, die Strecke zur Schule mit dem Bus, dem Rad oder gar zu Fuß zurückzulegen. Schließlich wohnt ja heute kaum noch jemand auf Waltons Mountain oder in unzugänglichen Siedlungen am Amazonas, wo der Schulweg mit endlosen staubigen Meilen und unzähligen Abenteuern gespickt wäre. Trotzdem will es nicht in die Köpfe der helikopternden Eltern, was sie ihren Kindern damit antun. In der Zeitung liest man ja immer von Kinderarmut, von ihrem Leben als Vollzeitgefangene liest man nichts. Wenn ich mich recht erinnere bin ich eher selten von meiner Mutter zur Schule gefahren oder abgeholt worden. Dafür war der Schulweg aber auch durchaus ein Highlight im an sich grauen Schulalltag. Man konnte den einen oder anderen Unsinn bauen, mit Mädchen anbändeln und sich einen Korb holen oder sich auf Abkürzungen verlaufen und vielleicht sogar den Bus verpassen. Dann war er weg und man war immer noch da. Wenn so etwas heute passiert, ist flink das Smartphone bei der Hand und wenig später die Mutti mit dem Auto unterwegs. Ich bin froh, dass das in Ermangelung eines Smartphones früher nicht ging. Und wenn, dann hätte meine Mutter mir freundlich aber bestimmt mitgeteilt, dass ich mich eigenständig in Bewegung setzen oder eben auf den nächsten Bus warten sollte. Und was auch immer der junge Menschenfreund getan hat, es hat irgendwie Spaß gemacht und ihm kein bisschen geschadet. Was allerdings schadet, ist eine ständige Bevormundung und tödliche Umarmung durch Mama und ihre Lust an der Kontrolle. Ich finde, wir sollten unseren Kindern wenigstens die Chance geben, eigene Erfahrungen zu sammeln und die Welt nicht nur durch die Glasscheibe im Auto zu sehen. Sicher, man holt sich die eine oder andere Schramme, baut auch mal Scheiße, verliebt sich unglücklich oder wird auch mal bis auf die Unterwäsche nass oder hat Füße wie Eisklötze. Aber das nennt man „Leben". Und genau das machen wir unseren Kleinen und nicht mehr ganz so Kleinen ordentlich schwer. Eigentlich ziemlich mies von uns, finden Sie nicht?

Kurz noch eine Erklärung in eigener Sache: Dieser Text ist vor der Bundestagswahl geschrieben worden. Daher kann ich beim besten Willen weder Lob aussprechen noch moralische Arschtritte verteilen. Denn ich weiß derzeit einfach nicht, wie die Wahl ausgefallen ist (oder „ausgefallen sein wird", um korrekt im Futur II zu sprechen). Allerdings möchte ich meiner Hoffnung Ausdruck verleihen (oder „verliehen haben"), dass wir noch gemeinsam die Kurve gekriegt haben. Denn ich will keine Klimawandel-Leugner, Besserwisser und „Volksverräter"-Krakeeler im Bundestag wissen, die sich auch noch von meinem Steuergeld eine Wohlstandsplauze anfressen und sich heimlich ins Fäustchen lachen, weil sie es „uns" und vor allem ihren Wählern so richtig gezeigt haben. Man mag zu Deutschland stehen, wie man will. Doch das hat es nicht verdient.

ich spreche Sie heute mal direkt an. Aus gegebenem Anlass. Genau genommen sind Sie der 7,936te Guru-Leser. Denn als solcher haben Sie ja bei der zurückliegenden Bundestagswahl Ihre Stimme der Alternative für Deutschland, kurz AfD, gegeben. Das gilt auch für erwachsene Saunabesucher, Videotheken- und Tankstellennutzer und Leute, die man nach 22 Uhr in der Altstadt oder vormittags beim Urologen antrifft. Theoretisch hat jeder 7,936te von denen dem deutschen Volk bei dieser Wahl einen Denkzettel verpasst. Oder zumindest kundgetan, dass er Ausländer ebenso verachtenswert findet wie homosexuelle Paare, alternative Lebensformen und natürlich Europa und den Klimawandel. Boah, Hammer, oder? Und Sie oder Sie oder auch Sie da sind statistisch einer von denen. Nicht, dass mich das stören würde (*hüstel*), soll ja jeder nach seiner Fasson selig werden. Mich interessiert nicht einmal das warum. Ich denke nicht „Boah, wieso hat der Vollpfosten DAS getan!?" oder „War der nicht schon immer ein Fall für betreutes Wohnen?". Denn ich verstehe ja, dass Sie denen da oben, der Merkel und den anderen finsteren Gestalten einen richtig dicken Denkzettel verpassen wollten. Und wissen Sie was? Das ist Ihnen nicht einmal im Ansatz gelungen. Doof, oder?

Die Großkotzkoalition gehört der parlamentarischen Geschichte an, wenigstens das. Dafür bekommen wir jetzt ein Jamaika aus Mutti, diesen Fotomodel-Liberalen und grünen Umfallern. Wie ich die Bayern und ihren Parteiappendix herablassend beschreiben könnte, fällt mir nicht ein. Ist aber auch egal. Denn es geht um Sie. Sind Sie jetzt stolz? Merkt man schon was? Riecht es jetzt morgens besser, wenn Sie zum ersten Mal die Nase aus dem Fenster strecken? Haben Sie spürbar weniger Knöllchen am Auto oder werden Sie neuerdings im Supermarkt zur Arier-Kasse geleitet, wo Sie hochachtungsvoll behandelt und neidvoll aus dunkelbraunen Augen angestarrt werden? Nee, ne? Naja, schade. So ein Denkzettel ist echt doof, wenn er gedankenlos verteilt wird.

Und jetzt bin ich bei meinem eigentlichen Anliegen an Sie, lieber 7,936tee Guru-Leser: Können Sie bei der nächsten Wahl Ihre Denkzettel nicht in der Nachbarschaft verteilen und denen auf den Sack gehen, die es mehr verdient haben? Denn dann stehen die Kommunalwahlen an. Schon mal von gehört? Die haben nichts mit Merkel und deren BRDGMBHblabla zu tun. Da geht es um ernste Dinge und nicht um die Rettung des Abendlandes. Um Kindergärten und die Planung von Kompostieranlagen in den Wohnquartieren, um Wohnkonzepte der Zukunft, Kanalbaumaßnahmen und den Winterdienst in Ihrer Straße, die vielleicht bald mal verkehrsberuhigt sein könnte. Also halten Sie sich da bitte raus. Was wir nämlich echt nicht brauchen können, sind Lautsprecher und Alternativfakten-Rodeoreiter, die sich einen Scheiß darum kümmern, wie es im Alltag zwischen und allen klappt, wenn sie nur ordentlich Dampf abgelassen haben. Die haben wir dank Ihnen ja nun in ausreichender Zahl im Bundestag. Wir brauchen in den Stadträten keine Reichsbürger, Klimawandelleugner und Judenhass-Relativierer. Keine Blödschnacker, die überall ein Haar in der Suppe finden und den nächstbesten Ausländer dafür verantwortlich machen, der das Pech hat, um die Ecke zu kommen. Wir brauchen da Menschen mit Verantwortungsbewusstsein und Sachverstand, mit der Lust am konstruktiven Streitgespräch, wenn es um die Sache geht. Also bleiben Sie, lieber 7,936ter Guru-Leser, bitte bei der nächsten Kommunalwahl einfach im Bett. Oder sonstwo. Nur nicht in der nächsten Grundschule, in der Mehrzweckhalle oder wo auch immer Sie gewöhnlich zum Wählen hingehen. Das sind zwar noch drei Jahre hin, aber Menschenfreund, der ich bin wollte ich Ihnen das nur schon früh genug mitteilen.

Dezember 2017
Das hat man davon, wenn man Kollegen
fragt …

„Grippe - oder: kein Durst - im Karneval."

Hääh?

Hilft mir jetzt nicht richtig weiter. Dabei hatte ich den Kollegen Wagner, seines Zeichens Chefredakteur des GURU nur gefragt, welches Thema ich denn in dieser aktuellen Kolumne durch den Kakao ziehen soll. Und ich muss sagen: So richtig hilft mir dieser Pfifikus damit nicht weiter. Ihnen sicher auch nicht. Aber machen wir ihm die Freude gemeinsam. Ich schreibe das Ding und Sie lesen es. Das Thema Grippe ist ja ausgelutscht. Hatte sogar ich schon mal. Aber „Kein Durst – im Karneval". Das ist neu. Ich glaube, der Wagner-Peter hat den Gedankenstrich zwischen „Kein Durst" und „im Karneval" bewusst gesetzt, um uns das Absurde dieses Gedanken zu verdeutlichen. Oder er ist mit dem Finger auf der Tastatur abgerutscht, wer weiß. Zurück zum Thema. Ich muss zugeben, dass ich sehr oft an Karneval keinen Durst habe. Ich bin nämlich ein überaus disziplinierter Wellness-Freak und ziehe mir deshalb über den Tag verteilt gut und gerne zwei Liter Eifelwasser Medium rein. Das hat aber noch nie vor alkoholbedingten Abstürzen und Peinlichkeiten bewahrt. Also hat das Thema „Sich zum Horst machen" wenig mit Durst zu tun. Eher mit dem bedingungslosen Festhalten an Traditionen und natürlich Unbelehrbarkeit, wie meine Frau gerne hinzufügt.

Man soll ja auch gar nicht mit Durst zum rituellen Betrinken antreten, das führt zu nichts. Man hat ziemlich schnell die Lampen an und kommt zumeist nicht über die Gruppenrunde hinweg. Dabei sind gerade die Finalrunden gegen trinksportliche Größen wie Engelberts Fred, Jackels Jupp oder Mövesse Hein von den Trommlern und Reinpfeifern eine Werbung für diesen kaum noch beachteten Sport. Heute sind Athleten, die sich für den Erfolg und ihre Vorbildfunktion geradezu aufopfern, keine Vorbilder mehr. Während einem früher die Kinder mit Blumengebinden entgegen liefen, werde sie heute von besorgten Eltern weggezogen, wenn man heimwärts torkelt und seinen Sieg lauthals besingt. So kann das auf Dauer nichts werden mit der Brauchtumspflege. Wenn die Unterstützung aus der Bevölkerung fehlt, stehen auch bald die Hunnen vor den Toren und unser schönes Brauchtum geht völlig den Bach runter.

Doch vielleicht gehören ja gerade Sie zu den Menschen, die mehr erfahren wollen über die Pflege des Brauchtums. Dann sollten sie sobald der Weihnachtsbaum abgebaut ist auf die Pirsch gehen und sich in den heimischen Biotopen umschauen. Denn gerade in der fünften Jahreszeit, die ja leider immer wieder von diesem Advent und Weihnachten unterbrochen wird, kann man in hiesigen Breitengraden (und das meine ich über die grobe Lokalisierung hinaus durchaus in zweierlei Wortsinn) noch Anhänger des Trinksports in Aktion erleben. In der Mehrzweckhalle nebenan, in der Kneipe, im Partykeller, am Kiosk und dann auch auf offener Straße kommt es immer wieder zu Darbietungen von hoch motivierten Trinksportlern, die sich in lächerlichen Uniformen oder noch lächerlicheren Kostümen als Wikinger, Schlümpfe, Cowboys Supermarios alles hinter die Binde kippen, was ihnen von irgendwo gereicht wird. Da kann auch schon mal die eine oder andere Urinprobe dabei sein. So what?! Denn wissen Sie was? Das ist angesichts der landauf landab bei solchen Anlässen gebräuchlichen 0,33-Gebinde von Bitburger (auch „Stüppchen" genannt) völlig egal und macht kaum einen Unterschied.

So, lieber Peter Wagner, da hast du deinen Text zu Thema „Kein Durst – im Karneval". Jetzt noch schnell verschickt und ich bin aus der Nummer raus.

Vorher wünsche ich Ihnen ein schönes Weihnachtsfest, einen guten Rutsch und dass Sie im kommenden Jahr niemals auf Kollegen hören, wenn es sich vermeiden lässt.

Januar 2018
Das Zeitalter der Doofen!

Hallo und frohes neues Jahr! Die Älteren unter uns können sich sicher noch an das Musical „Hair" erinnern. Ich musste es in der Schule bei einem ach so progressiven Lehrer auf Betamax-Cassette sehen. Vielleicht ging es Ihnen ja ebenso. Und vielleicht erinnern Sie sich auch an das unsägliche „Age of Aquarius". Dutzende junger Menschen in grässlichen Klamotten und mit unmöglichen Frisuren hüpfen und singen sich durch ein Lied, in dem das Zeitalter des Wassermanns besungen wird. Junger Menschenfreund, der ich war, träumte ich von wilden Orgien mit den weiblich aussehenden Hüpfern und Sängern, wenn sie erst einmal beim Frisör gewesen wären. Für mich bestand das Zeitalter des Wassermannes aus unerfüllten Sehnsüchten und wurde schnell vom Zeitalter des Dosenbiers und Vierviertel-Takts abgelöst. Fälschlicherweise wird oft behauptet, es habe mit dem von August von Wassermann im Jahr 1906 entwickelten Test zur Diagnose der Syphilis zu tun. Das würde viel erklären, trifft aber nicht zu. Ebenso irrig ist die Behauptung, es liege bereits hinter uns und wir befänden uns im Zeitalter des Fischs. Igitt. Ob wir den Wassermann jetzt schon hinter uns haben oder uns mittendrin befinden spielt keine Rolle. Denn in Wirklichkeit befinden wir uns im Zeitalter des Doofmannes. Glauben Sie nicht? Dann passen Sie mal auf.

Die gute Nachricht zuerst: Ein Doofmann im Sinne des neuen Zeitalters kann jeder werden. Prima, oder? Sie müssen nur aufhören

Dinge zu tun, die Sie mal gelernt haben und die als sekundäre Kulturtechniken so wichtig sind wie das Amen in der Suppe oder das Salz in der Kirche. Dinge also, die man an sich aus dem Eff-Eff können müsste. Zum Beispiel den Blinker setzen, wenn Sie mit Ihrem Auto die Spur wechseln oder gar abbiegen wollen. Das lernt man in der Fahrschule und weiß, dass es zehn Euro kostet, wenn man es nicht macht. Trotzdem glaubt eine immer größer werdende Anzahl von Mitmenschen, dass es doch viel lustiger ist, wenn man sich anderen Verkehrsteilnehmern einfach so spontan in den Weg schmeißt oder sie einfach abdrängt, weil sie schon da sind wo man hinwill. Von dieser kalkulierten Rebellion gegen die unterdrückerische Straßenverkehrsordnung versprechen sich diese Doofmänner anscheinend eine irgendwie geartete Befreiung. Wohl auch davon, quer über mehrere Parkplätze oder dreist auf Behindertenparkplätzen, Bürgersteigen oder vor Ausfahrten zu parken. Ich komme nur noch nicht dahinter, was genau dieses Heilsversprechen beinhaltet. Zurück zu den Doofmänner - und Dooffrauen. Denn man möchte es kaum glauben, aber wenn es um Doofheit geht, haben die Frauen längst gleichgezogen. Zum Beispiel als Mutter am Kinderwagen, die sicher auf dem Bürgersteig steht und ihr Handy vollplappert, während der (hoffentlich) eigene Nachwuchs im Kinderwagen mitten auf der Fahrbahn steht. Oder als Mutter, die lieber in besagtes Handy plappert als sich überhaupt mit ihrem Kind zu unterhalten. Das schaut verwirrt zu und sich fragt, mit wem Mutter redet und warum sie böse bellt, wenn es sie anspricht. Die Alte redet in einem fort, aber nicht mit ihrem Kind! Hat sich eine dieser Dooffrauen eigentlich jemals Gedanken darüber gemacht, was sie ihren Kindern mit solchem Verhalten antun? Ist es wirklich so verrückt, einfach mal mit dem eigenen Kind zu sprechen und nicht mit dem Smartphone? Und warum haben solche Gestalten nicht verhütet, als es noch möglich war? Das Wissen darum, dass Kinder zum Lernen Ansprache brauchen, geht zurück bis in die Zeit, als unsere Vorfahren die letzten Neandertaler ausgerottet haben. Und es hat bislang bestens funktioniert. Bis Biggi, Moni, Chantal und Shakira irgendwann beschlossen haben, dass sie erst mit ihren Kindern reden, wenn die auch ein Smartphone mit Flatrate haben. Wo käme man denn sonst hin?

Also, wenn Sie richtig hip sein wollen und auch Teil des Zeitalter des Doofmannes, dann verabschieden Sie sich schleunigst von all dem Ballast, den Sie irgendwann mal gelernt haben. Zum Beispiel Schleifchen binden. Wozu gibt es Schuhe mit Klettverschluss? Oder kochen. Irgendwann wird ein Thermomix erfunden, in den man die Fertigscheiße samt Verpackung kippen kann und am Ende kommt irgendwas Essbares raus, mit dem man sich dann auch noch beim Kochduell bewerben kann. Oder Nächstenliebe. Wieso sollte ich mir bei erster Hilfe oder Wiederbelebung die Finger schmutzig machen, wenn ich doch auch ein Video posten kann, um meine Anteilnahme auszudrücken und tausendfach „geleikt“ zu werden. Super, oder?

Seinen Höhepunkt wird das Zeitalter des Doofmannes wohl erreicht haben, wenn auch die Grundfertigkeiten endlich über Bord geworfen werden. Wenn wir neben blinken, miteinander reden, helfen und anderen Kulturfertigkeiten auch unseren Schließmuskel ad acta legen und uns vor Coolness und Doofheit in die Hosen kacken und nach Herzenslust wo auch immer vollkommen einlullern. Wenn ich es mir so richtig überlege, wäre mir das Zeitalter des Fischs bei allem anfänglich geäußerten „Iiih" doch lieber. Ihnen nicht? Na sehen Sie. Also Blinker setzen und mal zuhören, auch wenn's wehtut.

März 2018 (Februar entfiel)
„Il faut être absolument moderne!"

„Man muss absolut modern sein!" Diesen Rat des französischen Lyrikers Arthur Rimbaud beherzigend habe ich mich neulich in einen Barber Shop gewagt. Die Dinger sprießen ja derzeit wie Unkraut aus dem Boden und gehören zum Straßenbild jeder modernen deutschen Kleinstadt wie diese Shisha-Bars, in denen es immer stinkt, als ob jemand alte Hubba Bubbas oder japanische Damenslips mit Fruchtaroma verbrennen würde. Im Gegensatz zu diesen Bars, in denen sich grenzdebile Unterprimaner reihenweise Kohlenmonoxid-Vergiftungen holen, übt ein Barber Shop ja eine gewisse Faszination aus. Vor allem auf Männer. „Barrrr – Bärrr – Shoppp", wenn man sich das Wort auf der Zunge zergehen lässt, überkommen einen wunderbar maskuline Gefühle und Klischeebilder drängen sich vor das innere Auge: Der Menschenfreund in Brooklyn, umgeben von älteren Kerlen in gestreiften und schlecht sitzenden Zweireihern, überall riecht es nach Pomade, Havannas und Whisky. An den Wänden hängen vergilbte Fotos von Frank Sinatra und Dean Martin und der Chef Tony weiß zu jedem eine rührende Geschichte zu erzählen. Im Hintergrund läuft leise das von Spongebob und Patrick vorgetragene „Männer wie wir" aus dem ersten Kinofilm des heldenhaften Schwamms, während man durch einen Vorhang nach hinten in die illegale Annahmestelle für Pferdewetten verschwinden kann. Auf dem Ledersessel neben dem Menschenfreund sitzt Joe DiMaggio und erzählt schmunzelnd Details seiner Ehe mit der göttlichen Monroe. Ein Refugium für harte Jungs und Menschenfreunde, das seit

Jahrzehnten von keiner Frau mehr betreten worden ist. Ja, das sollte es sein …

… und war es dann nicht. Denn der Barber Shop bei uns um die Ecke hat mich schnell auf den Boden der Tatsachen zurückgeholt. Wir befinden uns eben nicht im New York der 50er-Jahre sondern am Niederrhein rund 60 Jahre später. Da kann man halt nicht so viel erwarten. Das wusste ich aber noch nicht, als ich gemeinsam mit meinem Sohn diesen Shop betrat. Der Chef und sein Mitarbeiter trugen selbst reichlich Gestrüpp im Gesicht, wirkten aber ansonsten recht kooperativ. Vor allem der Chef. Der war gerade dabei, eine anscheinend erotisch motivierte Symbiose mit dem Gesichtsbrett eines Kunden einzugehen. Dazu scharwenzelte er wie ein Tiger um den armen Mann herum, um sich dann mit immer neuer Paste, Gel, verschiedenen Striegeln und klebrigem Irgendwas erneut auf den Bart zu stürzen. Ein wahrlich beeindruckendes Schauspiel, an dem ich mich sicher gerne noch länger ergötzt hätte, aber schon war mein Sohn vom Mitarbeiter als „fertig" deklariert worden. Sein verwirrter Blick hätte mich stutzen lassen sollen. Ich also rauf auf den Stuhl und setze gerade an, wie ich es denn gerne in nächster Zeit tragen würde das Haar – da setzt der Kerl wortlos einen Apparat an, der in Neuseeland für die Schafschur verwendet wird und *bbbrrrrzzzzzz* ist eine Kopfseite von meiner grauen Haarpracht befreit. Ich denke mir *Da kannste jetzt auch mit einem geschickt platzierten Seitenscheitel nix mehr reißen* und ergebe mich in mein Schicksal. Keine vier Minuten später sehe ich aus wie ein alternder Gangster-Rapper und verzichte gestenreich auf Zackenmuster über meinen Ohren, zu denen Rübezahl gerade mit einer Art umgebautem Tätowiergerät ansetzen wollte. Ich glaube, dass es in Neuseeland ein Tierschutzgesetz gibt, das eine bestimmte Mindestzeit für eine Schafschur vorschreibt. Aber wir sind ja am Niederrhein und ich bin kein Schaf. Richtig Leben kommt in meinen schockstarren Körper, als sich der Kerl wortlos von hinten nähert und eine Rasierklinge an meinen Hals und den dort befindlichen Drei- bis Viertagebart hält. Mein Sohn schwört Stein und Bein, dass ihn mein „Move" raus aus dem Sessel an eine Mischung aus Matrix und den frühen Bruce-Lee-Filmen erinnert hat. Schnell entleere ich meine Taschen, warf eine unbestimmte Summe Geld auf den Tresen und reiße meinen Sohn hinaus. Dorthin, wo Menschen sind und diese gesichtsbewucherten Trolle uns nichts mehr anhaben können. Im Rausstürzen werfe ich einen Blick auf den Chef. Der hat sich mittlerweile auf den Schoß des Bartkunden vorgearbeitet, auf dem er rittlings sitzt und anscheinend gerade seinen eigenen mit dem Bart des Kunden zu einem gigantischen Mega-Bart zusammenfriemelt.

Daheim angekommen sorgte ich immerhin für einiges Amüsement bei meiner Gattin, die mich danach eine Woche lang nur mit „Bro" und „Was geht ab, Gülüm" ansprach. Wenigstens sie hatte ihren Spaß. Ich werde wohl weiter von Joe DiMaggio Indiskretionen träumen und zukünftig auf Rimbauds Weisheiten scheißen.

April 2018
Drei Minuten Unmut über das politische Deutschland

Das Volk hat gewählt, irgendwann im letzten Jahr. Kann sich kaum noch einer dran erinnern. Normalerweise hätte der Weltenlenker, wenn er denn unter uns weilen würde, dem Volk dafür gehörig eins in die Fresse hauen sollen. Denn was es sich da zusammengewählt hat, geht mit Verlaub auf keine Kuhhaut. Die einen hatten den Mut aus der Kneipe direkt ins Wahllokal zu torkeln und dort ihre Stimme und ihren ganzen minderwertigen Hass den Deutschalternativen zu vermachen. Die anderen waren zu feige, die alte Königin endgültig in Rente zu schicken – wohl auch aus Ermangelung einer im Ansatz brauchbaren Alternative in den Reihen der christdemokratischen Hofschranzen. Vor allem den jungen Wählern sei dabei anzurechnen, dass sie noch nicht bereit waren für eine männliche Kanzlerin. Nicht einmal für eine mit „Haaren im Gesicht" und O-Beinen, wie sie von der alten Tante SPD ins Rennen geschickt wurde. Die DSDS-Gucker und „Ich zuerst"-Liberalen haben dieses Ersatzmodel gewählt, das sich morgens verliebt im Spiegel tief in die eigene Maske schaut und dann anhand der Zahl der dort zu findenden Bartstoppeln ausgezählt hat, ob es nun mitregieren oder sich lieber weiter aus der zweiten Reihe am Trog bedienen soll. Wie es dann entschieden hat, wissen wir alle. Und mal unter uns Pfarrerstöchtern: Wer jetzt noch ernsthaft glaubt, die einstmals stolze und für Freiheit stehende FDP wählen zu müssen, der hat den Gong nicht gehört oder träumt selbst davon, ebenfalls im Unterhemd und in Sepia, dafür

ohne nennenswerte Sachkenntnisse in irgendein Kleinparlament gespült zu werden. Die Grünen haben wenigstens noch versucht, ihre
Würde zu bewahren und im Koalitions-Maumau, das der Wahl
folgte noch die beste Figur abgegeben. Aber es sind halt Grüne. Die
stehen sich am liebsten selbst im Weg und wenn es zu gut aussieht,
fragen sie irgendwo im Parteikeller nach, ob nicht noch irgendwer
eine politische Forderung parat hat, die so scheiße ist, dass man weiterhin moralischer Sieger in der Opposition bleiben kann. Im Gegensatz zu den Bestussten aus Bayern. Die würden am liebsten die
AfD rechts überholen und gleichzeitig den Rosenkranz beten. Denen kann das deutsche Volk gar nicht genug nach rechts rucken und
dort zucken, sobald jemand christliche Grundwerte wie Nächstenliebe ins Spiel bringt. Wenn man sich jetzt vorstellt, dass ihr ster-
bender „Kini" von nun an innenpolitisch den Takt angeben soll, obwohl die von weniger als sechs Prozent der Deutschen gewählt worden sind, macht das den unbedarften Beobachter nicht wirklich
glücklich.

Und wo wir gerade bei „nicht wirklich glücklich sind" bleibt der
Blick hinüber zur alten Tante SPD leider nicht aus. Mann, was ist
aus dieser einstmals stolzen Partei geworden. Eine sterbende Dirne,
die sich an die Macht klammert wie an den letzten Freier. Früher
sagte ein Parteibonze einmal „Opposition ist Mist". Heute würde er
wohl sagen „Parteibasis ist Mist". Dieser Club der Edelroten würde
so gerne ohne seine Basis einfach so und per Dekret der alten Königin regieren auf Teufel komm raus oder zumindest, bis es für die
Villa im Tessin reicht. Und wenn sie so weitermachen, werden sie
es auch können. Denn die Basis der SPD macht sich langsam aber

sicher vom Acker. Wer will auch schon mit solchen Gestalten öffentlich gesehen werden?

Habe ich jemanden ausgelassen? Ach ja, diese Alternative für Deutschland. Die Frage ist ja: Wenn das die Alternative für Deutschland sein soll, bleibt doch jeder, der seine fünf Sinne beisammenhat, lieber gleich beim Original: bei Deutschland. Oder? Die Gestalten, die da ins Parlament gespült worden sind, brauchten keine Legislaturperiode, um mich auf die Palme zu bringen. Praktizierende oder Ex-Nazis, Adelige, deren Vorfahren über Generationen hinweg schon vor der Hochzeit dieselben Nachnamen hatten sowie Anhänger dubioser Sexpraktiken und Rechtsauffassungen unter dem Kommando eines Dackelkrawatten tragenden Wackeldackels, der mit dem Charme eines KZ-Wächters seine blutgeifernden Orks durch die Gänge des Reichstages jagt. Apropos Jagd: Dieses Kampansage-Zitat von wegen „Wir werden sie jagen" ist ebenso größenwahnsinnig wie hirnrissig und faschistisch. Ein Demokrat, der sich allen Ernstes von solchen Homunculi jagen lässt, der hat es nicht besser verdient. Wenigstens auf der Baustelle beweisen unsere Volksversteher im Parlament ein bisschen Anstand.

Puh, meine drei Minuten Politplausch sind vorüber. Mehr ist mir diese erbärmliche Gemengelage auch nicht wert. Gehaben Sie sich wohl und bis demnächst.

Mai 2018
„Ich #%§ deine Mutter in den #+*%, du Opfer!"

Sie haben es sicher schon gehört oder am eigenen Leibe miterlebt: Der Weg vom Jungen zum Mann ist ein steiniger. Nichts ist verunsichernder als die Übergangsphase, wenn man verstanden hat, dass man weder Fußballprofi noch Rennfahrer wird, aber noch nicht weiß, wohin die Reise gehen soll. Da sind natürlich Vorbilder gefragt. In der DDR war es der Kosmonaut Sigmund Jähn, gefolgt von Jürgen Sparwasser, der beim WM-Spiel der beiden deutschen Fußballgiganten das Siegtor für die Genossen schoss. Das hinderte Beckenbauer & Co nicht daran, Weltmeister zu werden. Und spätestens nach Sparwassers Flucht in den Westen war sein Vorbildstatus für sozialistisch zu sozialisierende Halbstarke dahin. Da hatte es der Westen schon leichter. Man denke an Winnetou, Tim Taler oder besagten Beckenbauer himself. Ganze Heerscharen von Vorbildern aus Sport, Musik, Kultur oder gar der Politik wurden jedes Jahr in die Welt hinausgeschubst, um vorbildlich rüberzukommen und den Jungs den Weg zu weisen. Aber das war einmal. Denn derzeit mangelt den Deutschen Heranwachsenden an Vorbildern. Die Väter, wenn denn überhaupt welche bekannt sind, existieren zumeist nur auf dem Papier. Oder sind nur auf dem Papier Väter, weil viele die eigene Pubertät scheinbar noch nicht verkraftet haben.

Also werfen wir einen Blick auf Vorbilder aus dem Sport. Die Fußballhelden, die sich für ihren Verein zu Klump treten lassen, Hauptsache der Pokal landet im eigenen Vereinsheim – die kann man vergessen. Sobald ein anderer Verein, vorzugsweise der FC aus München, mit ausreichend Geld wedelt, ist Essig mit Treue und „mein Verein". Dann kümmert die ihr Geschwätz von gestern einen feuchten Kehricht und schon sind sie weg. Über Vorbilder aus der Politik lasse ich mich nicht mehr aus. Angesichts von Lindner, Schulz oder diesem unsäglichen Jens Spahn kann das wohl jeder geneigte Leser nachvollziehen.

Bleiben also allgemein Kultur und speziell Musik. Bislang fanden sich ja immer noch irgendwelche alten Männer der Popmusik, die weise Dinge von sich ließen und zum Nachdenken anregten. Bislang. Der letzte seiner Art war Campino von den scheintoten Hosen. Immerhin hat er genug zwischen den Ohren, damit das, was er absondert, nicht ganz so debil rüberkommt. Da kann man ihm verzeihen, dass er sich vom Punk zum Gitarrenpop-Opa entwickelt hat. Hauptsache die Attitüde stimmt. Aber mal unter uns: Der bleibt uns auch nicht Jahrzehnte lang erhalten. So hoffe ich zumindest. Doch wer oder was kommt dann? Etwa diese Kretins, die für ihre baumschulgerechte Reimkunst letztens noch mit dem Echo ausgezeichnet worden sind? Mal ernsthaft: Das glauben nicht mal die Barbershop-Typen und Undercut-Helden, die neuerdings die Straßen bevölkern und jeden als „Hurensohn" und „Opfer" bezeichnen, der nicht bei drei auf dem Baum ist oder eine unterwürfige Haltung einnimmt. Was für Vorbilder und vor allem wofür sollen die Gestalten denn bitte sein? Wenn das, was die sich da zusammenreimen, wenigstens noch Hand und Fuß hätte – aber Pustekuchen. Es sind an sich nur widerliche Gewaltfantasien, für die es früher richtig eins in die

Fresse gegeben hätte. „Battlerap" nennt sich das, was sich grob am besten als „Hirngeficke" übersetzen lässt. Dabei geht es darum, möglichst viel angeberischen Schwachsinn über sich zu verbreiten, um dem imaginären Zuhörer zu imponieren. Und da geht halt schnell die dreckige Fantasie mit dem Möchtegern-Gangster durch und er wird zum Cop-Killer, Drogenbaron, Meisterstecher und gefürchteten Boss in seinem Ghetto. Das besteht oftmals aus dem Jugendzimmer mit Fußbodenheizung im elterlichen Einfamilienhaus und die kriminellen Erfahrungen beschränken sich aufs Kaugummiklauen im Supermarkt.

Die ganze Blödheit dieser Rapper ergießt sich dann in die Texte ihrer Stücke. In denen werden Mütter zu „bitches", die man wahlweise vor oder nach dem gewaltsam herbeigeführten Beischlaf tötet. Da werden KZ-Insassen zu Wettkampfgegnern im Battle um den fettärmsten Sixpack und jeder, der einem kritisch gegenüber steht wird zum Abschuss freigegeben. Eigentlich ein bisschen wie beim US-Präsidenten. Den müssten dieser Kollegha und die anderen Spacken eigentlich ganz toll finden. Der redet viel über weibliche Geschlechtsorgane und hat bei seinen Wahlkampfauftritten schon offen zur Gewalt gegen seine Gegner aufgerufen. Und wie er werden auch die Rapper belohnt. Nicht mit der Präsidentschaft, aber immerhin mit einem Musikpreis, der irgendwann mal was bedeutet hat. Und wer weiß, vielleicht haben wir ja irgendwann mal einen Gesundheitsminister, der im Reichstag voller Überzeugung ausruft: „Ich #%§ deine Mutter in den #+*%, du Opfer!" Und dann werden sich viele nach Sigmund Jähn, Jürgen Sparwasser, Winnetou und Beckenbauer sehnen.

Juni 2018
Im Land der HB-Männchen

Es ist traurig aber wahr: Die Deutschen haben eine immer kürzere Lunte. Wegen jeder Nichtigkeit wird ausgerastet und so richtig auf den Putz gehauen. Wie seinerzeit das lustige Zeichentrickmännchen der Zigarettenmarke mit der Krone über den beiden geschwungenen Buchstaben. Die Älteren unter uns kennen es noch und fanden es sicher ungemein lustig, wenn ihm nichts glückte und es dann im wahrsten Sinne des Wortes in die Luft ging. Dann kam die Ermahnung: „Aber, aber! Wer wird denn gleich in die Luft gehen? Greife lieber zu HB!" Es folgte einer der begehrten Glimmstängel und schon war die Welt des HB-Männchens wieder in Ordnung, der Grund des Ausrastens vergessen und alles ging wie von selbst. Schön, nicht wahr? Bringt uns aber heute nichts mehr, weil ja kaum noch jemand raucht. Und wenn, dann irgendeine Billigmarke vom Discounter, aber keine HBs mehr. Wer weiß, was in den Dingern drin war, dass sie einen so schnell runtergeholt haben. Das ist aber bei Gefahr im Verzug egal. Denn angesichts der derzeitigen Situation in Deutschland und zwischen den Deutschen denke ich, dass es sicher gesünder wäre, als die ständige Ausrasterei. Zum Beispiel der Spezialist, der vom Zimmer seiner Wohnung aus beobachtet hat, wie seine Freundin in einen Verkehrsunfall verwickelt wurde. Das hat ihn dann emotional so bewegt, dass er kurzerhand dem Ersthelfer, der sich um ihr Wohlergehen bemühte, gegen den Kopf getreten hat. Einfach so, peng! So hat er es zumindest vor Gericht dargestellt. Und das so überzeugend, dass er mit einer Bewährungsstrafe heim geschickt und wieder auf die Menschheit losgelassen wurde. Nicht mal den Konsum von HB hat man ihm als Bewährungsauflage aufgebrummt. Oder die erboste Autofahrerin, die von der Besatzung des Rettungswagens, der ihren Weg blockierte, partout verlangte, sie möge sofort mit dem aufhören, was sie tut und den Weg frei machen. Diese uneinsichtigen Gestalten zogen es aber vor, mit der Reanimation des Patienten fortzufahren und diese arme gebeutelte Automobilistin mit ihrem Ansinnen im wahrsten Sinne des Wortes im Regen stehen zu lassen. Dass die sich dann natürlich schriftlich beschwert und ein Video von den Rettern und dem Opfer gemacht hat, ist klar. Hätten Sie doch sicher auch getan, oder? Das geht natürlich auch kleiner und alltäglicher. Etwa der Gottesdienstbesucher, der in aller Seelenruhe mit dem Handy telefoniert, während vorne gerade die Hostien vorbereitet werden. Dass der sich natürlich aufregt, wenn er von der Kanzel herunter zum Verlassen des Gotteshauses ausgefordert wird, ist nur zu logisch. Ebenso logisch ist auch, dass immer mehr Besucher von Jugend- oder Sozialämtern die Kommunikation mit den Sachbearbeitern durch Schläge und Tritte fördern wollen. Das gehört heute ebenso dazu wie ein markiger Amokläufer-Auftritt, wenn man mit dem verschnupften Kind spätnachts in der Notaufnahme aufschlägt. Natürlich haben dann alle alles stehen und liegen zu lassen und nur für den verrotzten Kevin da zu sein. Schließlich ist man „in No-hoot, hallo?" Wer das nicht schnallt, dem geht Mama aber an die Gurgel. Und womit? Mit Recht! Oder der neuerdings überall in der Nähe von Nachrichten-Aufnahmeteams anzutreffende Dazwischenplärrer und Sichgehörverschaffer, der natürlich das Recht hat, die Live-Berichterstattung von einem Staatsbesuch zu stören, weil … ja weil irgendwas ist. Oder auch eben nicht ist. Ist doch scheißegal. Hauptsache, man hat es mal in die Welt hinausgeplärrt. Und jede Wette: Der hatte nicht nur eine lächerlich kurze Lunte, der hatte auch keine Schachtel HB im Windblouson. Man könnte fast meinen, dass eine konsequent umgesetzte Nichtrauchergesellschaft zur Verrohung des Individuums beiträgt. Und zur Verkürzung seiner Lunte.

Ich habe mich lange mit dem Phänomen befasst und bin zu zwei Überzeugungen gekommen. Erstens bin ich mir sicher, dass diese Menschen bis zum Pupillenstillstand was auch immer rauchen könnten, sie wären trotzdem weiterhin Arschlöcher. Und daraus folgt zweitens, dass die HBs, die man ihnen anbieten müsste, größer sein sollten. Und aus massivem Holz.

Juli 2018

Die erste kurze Kolumne für das Magazin *C'est la Vie* aus Viersen. Eine nicht weniger interessante Aufgabe, denn mir stehen in diesem Magazin 1250 Zeichen (inklusive Leerzeichen) zur Verfügung. Das ist nicht viel. Und trotzdem genug, um mal Dampf abzulassen.

Hallo Viersen,

glaubst du wirklich, dass deine Häuser weniger wert sind, wenn davor auf kleinen Messingplatten im Bürgersteig die Namen von Bürgern stehen, die vor über 70 Jahren dem Holocaust zum Opfer gefallen sind? Holocaust ist keine Grippe. Um diesem Irrsinn zum Opfer zu fallen, mussten auch in Viersen viele mitwirken. Millionen Menschen sind damals grausam umgebracht worden. Dieser Menschen, die Nachbarn, Mitschüler oder Kollegen waren, wird durch die *Stolpersteine* gedacht. Doch laut deines Ratsbeschlusses darf das untersagt werden, wenn die heutigen Besitzer der Häuser das nicht möchten. Gedenken, liebes Viersen, ist Pflicht eines jeden Demokraten! Gedenken kann nicht erlaubt und noch weniger untersagt werden. Wenn du beginnst, das Pferd von hinten aufzuzäumen, dann läuft etwas schief. Dann wird der Holocaust mit seinen Millionen Opfern zum sprichwörtlichen gaulandschen *Vogelschiss*. Und deine Bürger? Die werden zu *Schissvögeln*, die sich erlauben oder untersagen lassen zu ge-denken. Als ob wirklich hinterfragt würde, woher der Opa in den 30ern auf einmal das Geld für so ein schönes Haus hatte. Doch weißt du, was das Schlimmste ist? In Wirklichkeit werden die Menschen, um deren Gedenken es geht, noch einmal umgebracht. Denk mal nach!

Juli 2018
Ja, wie hätten wir es denn gerne?

~~Olee, olee, olee! Schland!~~

~~Sind wir noch drin? Ich weiß es nämlich jetzt, wo ich diesen Text schreibe, noch nicht. Das liegt natürlich daran, dass die Kolumne für den Juli-GURU schon vorher geschrieben werden muss. Und das Thema der Kolumne ist natürlich angesichts der WM in Russland und der ganzen Fahnen, Flaggen und Wimpeln an Autos, Häusern und Rollatoren auch klar. Man würde mich ja zurecht fragen, von welchem Planeten ich komme, wenn ich den Ball nicht aufgenommen und gespielt hätte. Heute wird um fünf erst das deutsche Spiel gegen Mexiko angepfiffen. Ich gehe mal davon aus, dass es gut ausgeht. Wer weiß, ob wir noch dabei sind, wenn Sie jetzt dieses Heft in den Händen halten. Es kann ja durchaus sein, dass wir in der Gruppenrunde dermaßen die Hucke voll bekommen, dass unsere Mannschaft froh ist, wenn sie endlich abreisen darf. Wie damals in den 80ern, als es schon ein Zeichen großer Verbundenheit war, wenn man das Gekicke wirklich eine Halbzeit lang aushielt. Das glaube ich jedoch nicht. Sicher stehen die Jungs wieder prall im Saft und~~

~~Mit blauem Auge kommt Merkel davon – wie lange noch?~~

~~Gerade einmal drei Monate ist die neue Regierung alt, da liegt sie quasi schon in Trümmern. Fast zerschlagen vom alten CSU-Grantler Seehofer und seinen bizarren Flüchtlingsplänen. Doch Merkel~~

~~wäre nicht Merkel, wenn sie nicht doch die besseren Argumente hätte, um die Bajuwaren wieder auf den Boden der Tatsachen zu~~

~~Mit 255 Zeichen die Welt ins Chaos stürzen, das kann nur einer!~~

~~Wer hätte das gedacht: Der amerikanische Präsident fliegt vom G7-Gipfel davon und setzt kaum in der Luft gleich einen Tweet ab, mit dem er alles zunichtemacht, worauf man sich zuvor mühevoll geeinigt hat. Na, immerhin tut er das auf dem Weg zu seinem neuen Freund. Das ist der nordkoreanische Kindkaiser Kim Jong sin Jung. Die beiden scheinen sich blendend zu verstehen. So wie früher die „komischen Kinder" in der Schule. Die rotteten sich auch immer zusammen, weil niemand mit ihnen~~

~~Vorsprung durch Bescheißen~~

~~Mein Gott, liebe Menschenfreunde im Geiste. Hätte sich eine oder einer von Ihnen jemals träumen lassen, dass der Vorstand des deutschen Vorzeigeunternehmens Audi einmal im Gefängnis landen würde? Diese Leute waren früher so ehrwürdig wie der Papst oder die Besitzerin vom Kiosk nebenan. Und jetzt? Rupert Stadler sitzt in U-Haft und wird dort wohl auch bleiben, weil~~

Ich gebe auf. Wir leben aktuell in zu bewegten Zeiten. Es ~~scheint unmöglich zu sein~~ ist unmöglich, Ende Juni 2018 eine Kolumne zu schreiben, die irgendwie noch Bestand hat, wenn Sie den aktuellen GURU im Juli in Händen halten. Stellen Sie sich vor, ich hätte im stolzen Brustton der Überzeugung vom Stapel gelassen, dass wir die Finalteilnahme in Russland schon im Sack haben. Und sie lesen das, nachdem unsere Mannschaft in der Gruppenrunde mit Schimpf und Schande gescheitert ist. Oder ich singe hier den Lobgesang auf Mutti Merkel und die ist längst abgesägt. Von diesem unsäglichen ~~Vollpfosten~~ Spahn oder tatsächlich von dem hünenhaften ~~Arschloch~~ Wolperdinger aus Bayern. Oder ~~dieser Bekloppte in Washington~~ Trump hat gerade so richtig aufgedreht und Sie lesen diese Ausgabe des GURU in Ihrem privaten Atomschutzbunker hinterm Haus. Na, dann könnten Sie aber getrost über die Lügenpresse schimpfen – wenn Sie nicht wirklich ernsthaftere Probleme hätten. Und die hätten sie. Garantiert. Deshalb heute ein paar unausgegorene Ansätze ohne Anspruch auf Richtigkeit und die Augen fest auf den nächsten Monat gerichtet. ~~Mit etwas Glück~~ Vielleicht kommt die Welt ja in ruhigere Fahrwasser. Bis dahin nix für Ungut und viel Glück. Ihnen, unserer Mannschaft, der Frau Merkel und der gesamten Welt.

August 2018
Nationalstolz light: Schwarzrotgelb vom Dursty

Waren Sie auch so sauer, als die Mannschaft sich von den Südkoreanern hat abkochen lassen wie ein Haufen besoffener Kreisliga-Amateure? Ratzfatz und Mission fünfter Stern ist Geschichte. Und womit? Mit Recht! Bei aller Ursachenforschung in den Talkrunden mit Trainern, ehemaligen Spielern und Vereinsmanagern liegt die Wahrheit offen auf dem Tisch: Die haben einfach scheiße gespielt! Das kann passieren, sollte es aber nicht. Vor allem, wenn da 22 deutsche Beine über den Platz stolpern, die zusammen so viel kosten wie eine mittelgroße deutsche Stadt an Jahresetat zu bieten hat – inklusive der Schulen, Kindergärten und Müllentsorgung. Apropos Müllentsorgung: Wieso waren da eigentlich im deutschen Aufgebot über hundert DFB-Funktionärsschranzen dabei, deren einzige Aufgabe anscheinend darin bestand, dem Trainerstab der Gegner obszöne Geste entgegenzuschleudern? Es ist schon gut, dass wir nach der Gruppenrunde heim durften, denn man will gar nicht wissen, was die Argentinier oder Russen mit diesen großmäuligen Schreibtischfußballern angestellt hätten.

Es ist ja auch viel entspannter, wenn man als nicht aktiv emotional involvierter Beobachter einem solchen Turnier folgen kann. Mir waren die Belgier ebenso schnell ans Herz gewachsen wie die Engländer. Die Belgier ein bisschen mehr, weil ich mich in deren Fähnchen zumindest ansatzweise wiederfinden konnte. Denn schade war es beim verdienten Ausscheiden unserer Fußballhalbgötter einzig um die vielen tausend Wimpel, die fröhlich anlässlich internationaler Ballsportturniere an allen motorisierten Fortbewegungsmitteln flattern. Die verschwanden nämlich schnell im Handschuhfach oder wurden mittels Herunterdrehen der Seitenscheibe während der Fahrt herzlos entsorgt. Und das tut mir in der Seele weh. Ich bin nämlich bekennender Getränkemarkt-Autowimpel-Patriot. Eine Leidenschaft, die ich mit meinem Sohn teile und die dazu geführt hat, dass wir eine ganze Kollektion schwarzrotgoldener Wimpel mit Gebrauchsspuren in allen Stadien der Zerfranselung besitzen. Jede ist natürlich einem Turnier zuzuordnen und hat mindestens ebenso heilende Kräfte wie eine gesegnete Hasenpfote oder ein anderer Fetisch – abgesehen höchstens von einem mumifizierten Grauwahlgenital. Aber das sieht am Auto irgendwie deplatziert aus. Außerdem bekommt man keine geschenkt, wenn man im Dursty einen Kasten Bier kauft.

Zurück zu den Wimpeln: Die am Auto herumzukutschieren oder lustig vor der Flimmerkiste zu schwenken macht einen Heidenspaß. Und zwar einen, den sich die Deutschen nicht jedes Wochenende, an Feiertagen oder wenigstens zur Einschulung ihrer Kinder gönnen, sondern nur beim Fußball. Also beim Männerfußball. Wenn die Frauen im Nationaltrikot antreten, flattert ganz selten mal ein Wimpelchen an einem matt rosa-metallic farbenen Kleinwagen. Wahrscheinlich, weil es Hugo nicht im Kasten gibt und deshalb auch kein Fähnchen dazu.

Ich denke wirklich darüber nach, ob ich nicht zum blauen Alternativdeutschen oder allgemein braunbrägigen deutschen Mich(a)el mutiere, denn die schwenken die deutsche Fahne ständig und überall. Und das ist ziemlich unverschämt. Denn diese deutsche Fahne, die steht gar nicht für Herrenmenschentum und völkische Gewaltfantasien. Diese Fahne steht für Aufklärung, Demokratie und Verantwortungsbewusstsein – und leider auch für unkreativen und konzeptionslosen Fußball. Doch da ist sie immer noch besser aufgehoben, als bei den Krakeelern und Spinnern, die hinter jeder Ecke eine Verschwörung gegen das deutsche Volk wittern und nur die Informationen glauben, die sie bei Facebook konsumieren. Kann man denen nicht für den nächsten Merkel-muss-weg-Umzug irgendeine andere Fahne geben? Zum Beispiel die belgische, die sieht fast aus wie unsere – und die Honks bemerken den Unterschied sowieso nicht. Zumindest, wenn es ihnen keiner erklärt, und ich werde mich hüten …

September 2018
Das Wort zum Alltag

Derzeit haben wir ja alle einen an der Murmel. Das kann am Wetter liegen oder am Abschneiden der Fußballer bei der WM. Oder woran auch immer. Ist auch egal. In Konsequenz fällt eben alles ein bisschen drastischer und ekliger aus. Da werden Leserbriefe zum Aufruf, ein öffentliches Tribunal über den Autor einzuberufen, weil mich Doofkopp das Thema nicht so recht ankickt oder ich mich darin nicht wiederfinde. Da pöble ich mal präventiv irgendwelche optisch suspekt rüberkommenden Gestalten an und rühme mich in den sozialen Netzwerken späterhin meines Mutes, auch wenn es nur der Pizzabote war, den ich da auseinandergenommen habe. Da kommt auf einmal überall Fäkales um die Ecken gewabert und wir schauen zu und fragen uns irgendwann einmal, wie es zu dem Tohuwabohu kommen konnte. Um das zu veranschauliche habe ich einmal ein leider reales Beispiel vorbereitet: Da ist zum Beispiel die junge Frau aus dem deutschen Osten, die ihren Kater Bonny schmerzlich vermisst. In ihrer Verzweiflung wendet sie sich an ein Online-Portal ihres Heimatortes – „Wir in …" oder „Du bist scheiße, wenn …") und fragt, ob es stimme, dass die Flüchtlinge Katzen fingen und äßen. Das habe sie gehört und ihr eigenes Kätzlein, besagter Bonny, sei ja nun schon seit drei Tagen verschwunden und von den Nachbarn habe ihn doch auch niemand gesehen. Also tut man das naheliegende und fragt in die objektiv interessierte und gut informierte Runde, ob da wohl was dran und Bonny längst im Darm eines Wirtschaftsflüchtlings gelandet sei. Das ist sicher eine der ganz normalen Fragen, die man sich als Haustierhalter eben stellt. *Hat der Neger oder der Islamist meine Katze gefressen? Und wer zahlt jetzt die letzte Tierarztrechnung?* So etwas kann man sich fragen, klar. Die Gedanken sind frei. Und gegen Dummheit ist kein Kraut gewachsen. Nun wendet sie sich aber mit dem Problem an Dritte. Und damit macht sie den ersten Schritt, um diese Kopfscheiße auf den Weg über das Thema bis hin zu „Merkel muss weg!" zu schicken. Sie können sich sicherlich vorstellen, welcher Natur die Kommentare besagter Portal-Nutzer waren.

Das ist an sich kein Weltuntergang, möchte man meinen. Mit eingespielten Lachern im Hintergrund und lustiger Musik könnte es als schräge „Reality"-Comedy sicher gut konsumiert werden. Da ist die doofe – nennen wie sie Biggi, die ihre Katze vermisst und sofort vor ihrem geistigen Auge steinzeitartig gekleidete und mit Knochen geschmückte Gestalten sieht, die rund um ein Lagerfeuer kauern, über dem sich ein verdächtig nach Bonny aussehender Korpus dreht und langsam röstet (langer Lacher). „OMG", denkt Biggi (Lacher) und muss sich Klarheit verschaffen. Also besucht sie schnurstracks besagtes Portal und stellt die Frage, die aber so etwas von absolut keinen rassistischen Hintergrund hat, sondern allein der Sorge um den Verbleib ihres geliebten und kastrierten Bonny geschuldet ist (Riesenlacher, Close Up auf Biggis Gesicht, die unschuldig mit den Wimpern klimpert. Dazu als Soundtrack „Deine Augen machen Bling-Bling und alles ist vergessen" von Seed). Schwamm drüber wegen Doofheit. An sich.

Aber dieser Dünnpfiff setzt sich ja bekanntlich fest wie der Glibber im Abflussrohr. Selbst wenn Biggi ihren blöden Kater wiederfände – was ich ihr wünsche würde – und von dem Moment keinen Gedanken mehr an die Essgewohnheiten bestimmter Menschen zu verschwenden bereit wäre, bliebe das Gerücht vom katzenverschlingenden Flüchtling bestehen. Und so ist es mit der ganzen Pampe, die wir uns ausdenken, um vor anderen Honks als einer von ihnen oder ansatzweise cool rüberzukommen. Vielleicht sollte man Aluhelme falten gegen diese „Mental Chemtrails". Vielleicht kommen wir dann alle mal runter und konzentrieren uns auf das Wesentliche und nicht auf katzenfressende Fantasiebedrohungen oder den Frust wegen der eigenen unspektakulären Mittelmäßigkeit. Als die Doofen noch nur an der Bushaltestelle saßen und dem Dorfhund leere Bierdosen nachwarfen, war es irgendwie schöner in diesem Land. Achten Sie mal in den Nachrichten über die nächste Demo der Merkel-weg-Schreier auf den mit dem Plakat „Die Flüchtlinge haben Bonny gefressen! Wie viele noch, Frau Merkel?". Dann wissen Sie, was ich meine.

C´est la VIE Oktober 2018
Hallo Viersen,

vielen Dank, das hast du gut gemacht. Den Aprilscherz mit den Stolpersteinen aus der Welt zu schaffen, war eine kluge Entscheidung! Du hast gezeigt, dass die Werte Anstand und Respekt dir noch etwas bedeuten. Das ist gerade in der heutigen Zeit der Trauermärsche mit blankgezogenen Ärschen und Hitlergruß ein mutiges und auch vorbildliches Bekenntnis. Es ist eines, auf das deine Bürger zurecht stolz sein können. Jetzt noch einmal die „Steine im Straßenschmutz" der Frau Knobloch hervorzukramen, gehört sich nicht. Außerdem gehört das Gedenken auf die Straße. Dorthin, wo die Menschen gelebt haben. Dorthin, wo wir heute jeden Tag leben. Denn dort ist es sicher besser aufgehoben als bei einem künstlerisch gestalteten Monument im toten Winkel des Stadtparks, das man zweimal pro Jahr besucht: einmal, um einen Kranz abzulegen und dann noch einmal nach einem halben Jahr, um dessen Reste zu entsorgen. Für diese Entscheidung verdienst du Anerkennung und Respekt. Vielleicht schicke ich dir bei Facebook sogar eine Freundschaftsanfrage.

Wer hat am Gehirn gedreht? Ist es wirklich schon zu spät?

Europa hat ein neues Thema, an dem es sich bis zum Zerbrechen abarbeiten kann. Das Thema „In welcher Zeit wollen wir leben?" Es geht nicht um Zeitreisen … oder zumindest nur ganz kurze. Die Umstellung von Winter- auf Sommerzeit und zurück steht auf dem Prüfstand. Das kam so: Irgendwann haben Schlaumeier beschlossen, dass durch die Einführung der Sommerzeit (also eine Stunde vorstellen) Energie gespart werden könnte. Weil es ja eine Stunde länger hell ist. Aber sofort gab es Gezeter, weil das mit dem Umstellen nicht in jeden Kopf ging. Und so wird seit Jahr und Tag die Unsinnigkeit der Umstellung heraufbeschworen, während Moderatoren im Dritten gebetsmühlenartig erläutern, in welche Richtung der Zeiger wann und weshalb gedreht wird. Diskussionen über das Neujustieren der Chronometer konnten zeitweise bei einer zünftigen Erörterung der Abseitsregel im Fußball durchaus mithalten. Ewig grüßt die Zeitumstellung.

Ein erster Versuch mittels Zeitumstellung das Glück und die Geschicke der Nation zu beeinflussen startete übrigens bereits 1916 und hatte durchaus kriegsbedingte Gründe. Das ging bekanntlich in die Hose und so wurde die Umstellung der Zeit gleich 1919 wieder eingestellt. Erst 1980 kam sie dann wieder auf den Tisch. Doch damit soll ja endgültig Schluss sein. Ewig Sommerzeit für Europa, nie wieder Winterzeit. Wer braucht die schon?

Winterzeit, das ist ja in Wirklichkeit die sogenannte „Normalzeit". Und vor der Einführung der Sommerzeit war sie einfach nur „Zeit".

Im Wort „Normalzeit" steckt der Schlüssel. Diese Zeit war normal. Damit waren die Deutsche und ihre vielfältig zersplitterten Vorfahren über Jahrhunderte – wenn nicht Jahrtausende - ausgezeichnet klargekommen. Doch es ist wie im Leben: Durch die blauäugige Präsentation einer Alternative wird das Bestehende, mit dem man bislang zufrieden war irgendwie entwertet. Hätte es 1980 schon begehbare Fußwege in Dresden gegeben, hätten sich sicher Tausende zusammengerottet und jeden Montag „Die Zeit muss weg! Wir sind der Sommer!" krakeelt. Aus der Zeit wurde also die Winterzeit. Bääh, wie das schon klingt. *Winterzeit* ... Nach kalten Füßen und vereisten Autoscheiben, nach verspäteten Straßenbahnen, saftigen Heizkostennachzahlungen und Mitmenschen mit Triefzinken. Dagegen *Sommerzeit*. Das klingt nach lauen Abenden auf einer imaginären Terrasse mit Blick über einen ruhigen und ebenso imaginären Fjord. Oder man trampt zu sanfter Hippiemusik nach San Francisco und spürt die Wärme der Sonne auf dem Asphalt, während man auf einen infantil angemalten Van wartet, in dem man kopulierend weiterreisen wird. Man sieht junge Mägdelein, die in weißen Gewändern verspielt Schneisen durch mühsam angelegte Blumenwiesen trampeln und über allem wabert mehr oder weniger subtile Erotik. „Ein dreifach Hoch auf die Sommerzeit, nie wieder blöde Winterzeit und nie wieder Triefnasen!", mag man ausrufen wollen und das auch noch voller Inbrunst. Eigentlich wäre alles klar – wenn da nicht diese doofe Realität wäre. Die besteht aus aufgedrehten Kindern, die bei aller Sommernachtsromantik so energiegeladen sind, dass man Stunden benötigt, um sie endlich niederzuringen. Danach ist mit Erotik auf der Terrasse sowieso Essig. Sie besteht aus Melkvieh, das sind die Tiere, wo unten die Supermarkt-Milch rauskommt. Die macht diese ganze Umstellerei irgendwie kirre. Fachleute behaupten, denen wäre eine permanente Winter- oder Normalzeit oder einfach nur Zeit viel lieber. Aber hey, was geb´ ich auf so ´ne blöde Kuh. Dann nehm´ ich im Supermarkt eben eine andere Marke. Tuffi statt Eifelgold. Außerdem sind Wissenschaftler, die so etwas behaupten Spaßbremsen. Jetzt verbreiten die auch noch, bei ewiger Sommerzeit würden wir alle dicker, dümmer und bösartiger. Weil Diabetes, Depressionen sowie Schlaf- und Lernprobleme zunehmen würden. Wahrscheinlich wird es keinen stören, weil die fetten Gewalt-Psychos sich selbst richtig geil finden werden. Und schon hätte die ihre Alternative für Deutschland – ach was Europa, die Welt oder gar die Milchstraße! Warum so bescheiden?

November 2018
Erntedank im Hauptrechner

Mein lieber Scholli, da liegt jetzt aber ein Monat hinter uns, der es in sich hatte, oder? Irgendwann werden Sie sich mal in Ruhe zurücklehnen und zurückschauen – und nicht mehr auseinanderklamüsert bekommen, was wann passiert ist. Und warum. Die Ereignisse polterten so über uns hinweg und ließen uns kaum Zeit, angemessen zu reagieren. Oder unangemessen. Das liegt daran, dass es einfach zu viel ist. Und hier kommt unser interner Hauptrechner, genannt das Gehirn, ins Spiel. Das menschliche Hirn ist ja schon ein ziemlich gut organisiertes und bei den meisten auch überaus effizientes Ding. Man muss sich nur mal vor Augen führen, was die Menschen alles unter Zuhilfenahme des Gehirns zustande gebracht haben. Chapeau! Doch im Gegensatz zu seinen digitalen Ablegern in unseren Hosentaschen und auf den Schreibtischen führt es eine Art Eigenleben. So reagiert es zum Beispiel ganz selbständig auf unlogische oder für uns negative Eingabebefehle. Bei den meisten zumindest. Doch das Thema möchte ich heute nicht vertiefen, denn heute geht es darum „Danke" zu sagen. Danke, liebes Hirn dafür, dass du auch bei den Bekloppten bislang Schlimmeres verhindert hast und es sicher auch weiterhin tust. Danke. Nicht mal auf Mutti war jemals so viel Verlass wie auf dich.

Jeden Rechner und jedes Smartphone können Sie ausschalten, zurück in einen blanken Urzustand versetzen. Die fragen dann zwar noch mehrmals, ob man das wirklich vorhat, geben dann aber nach.

Das Hirn nicht. Das entscheidet nach einem weit über uns schwebenden moralischen Programm. Und das will nur Gutes. Ein Beispiel? Wie oft wäre ich schon in Eile und achtlos meine Bedürfnisse ignorierend an einem Bratwurststand vorbeigelaufen, wenn nicht meine Denkmaschine sofort auf AUTORUN oder SELFPROTECTIONFILE umgeschaltet und mich voller Fürsorge vor Schlimmerem bewahrt hätte. Wenn dann der Status von „wollen“ auf „usergesteuertes Denken“ umstellt, hat man schon die rettende Wurst sicher in den Händen und kann wenig später dank der unverhofften Stärkung wahre Wunder vollbringen. Zum Beispiel kann ich nachher ziemlich schamlos die tollsten Geschichten erfinden, weshalb ich zu spät dran bin und so meine in solchen Fällen gerne grantelnde Gattin gütlich stimmen. Das funktioniert so gut und automatisch, dass nicht einmal die als „Gewissen“ bekannte Sicherheits-Software etwas ausrichten und ERROR melden kann. Obwohl ich an sich kein Freund von Autopiloten jeder Art bin, schätze ich diese Funktion in meiner Murmel sehr. Eine andere oft unterschätzte Schutzfunktion ist der ebenfalls automatisch Echtzeitfilter für Blödschack. Wenn ich mir vorstelle, welches unnötige Wissen ich über die europäischen Königshäuser, interessante lateinamerikanische Nachwuchsautorinnen, die korrekte Nutzung von Zahnseide und so weiter ich mit mir herumschleppen müsste, wenn diese automatische Funktion nicht standhaft ihre Aufgabe erfüllte. Puuh, bei dem Gedanken daran hat das damit einhergehende Unwohlsein gerade eben einen ersten Impuls gesendet. Der wird bewirken, dass mein Hirn in wenigen Augenblicken einschreitet und mir diese Vorstellung ersparen möchte. Deshalb verabschiede ich mich für diesen Monat mit der Bitte eines wahren Menschenfreundes von Ihnen: Feiern Sie Ihr Hirn, wertschätzen und achten Sie es! Stopfen Sie es nicht mit Scheiße voll und folgen Sie den Impulsen des Selbsterhalts. Auf die ist nämlich Verlass. Wieso habe ich jetzt Lust auf ein Bier …..?

Sprit ist zu teuer und echte Sauereien

Alle paar Monate frage ich in der Redaktion nach, wenn mir kein Thema einfallen möchte. So auch diesmal. Und prompt bekam ich die Antwort: „Mach doch mal was über die hohen Benzinpreise." Hmm, aha. Gut, dachte ich mir. Und ich setzte mich ruhig in meine Nachdenk-Ecke und dachte nach über Benzinpreise. Von meinem Opa habe ich die wunderbare Weisheit mitbekommen, dass in Deutschland alles in Ordnung ist, so lange ein Liter Benzin so viel kostet wie ein Glas Bier. Das sagt viel aus. Über die deutsche Definition von „in Ordnung" und darüber, dass mein Opa nur in normalen Etablissements verkehrt hat. Das weiß ich, weil ich mal zu einer unmöglichen Tageszeit gezwungen war, in einem *Etablissement* („Ob Osten, Süden, Norden, Westen …") ein Fläschlein Bier zu mir zu nehmen, dessen Preis mir exorbitant zu hoch erschien. Angesichts des unfreundlichen und raufboldigen Auftretens der Fachkraft habe ich aber auf eine Reklamation verzichtet. Wenn ein Liter Sprit heute nach Opas Weisheit so viel kosten würde, wie das Edelbräu aus Heppos Harem, dann wäre ich aber der erste, der „irgendwer muss weg!" rufend über die Straßen ziehen würde, jeden Montag und wenn meine Frau es mir erlaubt. Dem ist aber nicht so. Im Gegenteil. Ein Liter Super kostet rund eins vierzig oder eins fuffzig, mal mehr, mal wenige und wenn der Rhein genug Wasser hat. Kostet das Bier im Vereinslokal der Viktoria auch, oder beim Jugo vorne an der Ecke, bei dem man auch drinnen rauchen darf.

Klar ist der Sprit heute teuer. Ich erinnere mich noch an meinen ersten eigenen Wagen, einen VW Käfer mit schrecklichen Verzierungen und einem Durst, der heute unanständig wäre. Zehn Liter packte der locker weg, wenn man ihn bis 120 getreten hat. Aber da kostete der Liter auch umgerechnet nur 50 Cent. Heute sind die Autos ja weitaus vernünftiger, außer sie gehören unvernünftigen Menschen und sind SUVs oder irgendwelche V8-Schleudern. Mal ehrlich: Die Benzinpreise haben etwas Gutes an sich. Denn sie bringen immer mehr Menschen dazu, immer sparsamere Autos zu kaufen, diese sogar ab und zu mal stehen zu lassen oder völlig auf Elektromobilität umzusteigen. Das ist doch nicht übel, oder? Wenn dann noch die Bahn und die Busunternehmen mitziehen und einem das autofreie Fortbewegen so angenehm wie möglich gestalten, wäre man doch mit dem Nadelkissen gepudert, sich den Stress anzutun und sich in den Straßenverkehr mit Menschen zu stürzen, die mindestens so emotional inkontinent sind, wie man selbst.

Dann drängte sich mir in meiner Nachdenk-Ecke der Gedanke auf, wieso angesichts der derzeitigen Lage in Deutschland das Thema Benzin so viel prägnanter sein sollte als manch anderes. Zum Beispiel: Merkel ist quasi schon weg. Boah. Und? Freudentaumel auf Dresdens Straßen oder Auflösungserscheinungen bei der AfD („Wir machen weiter, bis Merkel weg ist!“)? Nö. Letztere übt gerade Arschbombe in alle Fettnäpfchen der etablierten Parteien, die sie ja ach so sehr verachten für ihre Verkommenheit und Korruption. So schnell bröckelt die Hybris der selbsternannten Jäger und ihre Wähler fragen sich langsam, wem sie jetzt weniger glauben sollen – der Lügenpresse oder den Deutschalternativen. Die gründen jetzt sogar

irgendeine Stiftung, um noch mehr Staatsknete abgreifen zu können. Diese Knete wäre auch gut in zusätzlichen Kitaplätze oder
Maßnahmen für Langzeitarbeitslose investiert. Und nicht nur deren
Geld, sondern auch das der anderen Stiftungen, deren einziger Sinn
darin besteht, abgehalfterten Politikern noch ein paar gutversorgte
Jahre zu verschaffen. Da sollte uns der Kragen platzen. Lasst uns da
ansetzen und uns empören und nicht bei den Scheiß-Benzinpreisen.
In diesem Sinne, ab dafür. Wir haben noch ein ganzes 2019 vor uns,
wie wär´s?

Januar 2019
Mein 2019 macht einen knackigen Po ;-)

Und, wie fühlt sich 2019 bei Ihnen so an? Ich muss sagen, nach anfänglichem Fremdeln trägt es sich ehrlich gesagt ganz gut. Sitzt, passt, fühlt sich gut an und es kann noch reingewachsen werden. Ich fühle mich pudelwohl in meinem 2019. Ich gewöhne mich auch immer schneller an den Übergang. Früher hatten die Überweisungsträger oder Antragsformulare bis mindestens März im Datumsfeld immer erst Kriggelkraggel und dann das Datum. Weil ich mich alle Backe lang verschrieben habe. Anscheinend habe ich viel zu sehr am alten Jahr gehangen, um es einfach so wegzugeben. Ja, es überkam mich sogar eine gewisse Melancholie an Neujahr. Meist folgte sie dem Kopfschmerz und der Übelkeit, weshalb ich nicht weiß, ob man sie überhaupt so nennen dürfte. Außerdem war sie immer auch das Einläuten des vorgeburtstaglichen Traurigkeitsschubs, zu dem Steinbock-Geborene leider nur allzu häufig neigen. Sollten auch Sie melancholische Steinböcke in Ihrem direkten Umfeld haben, dann geben Sie ihnen mal einfach so außer der Reihe ein Extra-Drückerchen, sie können es brauchen.

Zurück zu 2019. Ich find´s sexy. Das trägt man doch gerne. Alles ist möglich, würde Guido Maria sagen und uns 500 Mäuse zum Shoppen geben. So fühlt sich 2019 an. Wie ich jetzt genau auf diesen positiven Trip gekommen bin, weiß ich selbst nicht. An der Ernährung kann es nicht liegen, sagt zumindest meine Frau mit besorgter Miene. Auch die Biermarke habe ich nicht gewechselt und eine Lichterscheinung hatte ich zwischen den Jahren auch nicht. Nein,

ich verrate Ihnen das Geheimnis. Ich hatte unbewusst beschlossen, 2019 anzunehmen. So, wie es ist. Wie eine unausweichliche Mode, Schlaghosen oder Prilblumen auf Nylonhemden. Egal, sitzt sich aus. Und bis dahin einfach das Beste draus machen. Was würden mir Angst vor Altersarmut und Groll auf dumpfbackige Zeitgenossen bringen, die beim Chinesen um die Ecke die nächste fremdenfeindliche Demo planen? Worüber soll ich mich aufregen? Ich habe keine Aktien, arbeite für kein börsennotiertes Unternehmen, fahre keinen Diesel, bin in keiner Partei, meine Frau ist eine echte Frau und unsere Ehe daher TÜV-geprüft. Alles klar auf der Andrea Doria.
Und dazu noch ein funkelnagelneues 2019 mit alles Extras und Kuschelgimmicks. Statistisch lebe ich seit dem ersten Januar zum Beispiel länger als voriges Jahr. Und mein Einkommen ist besser. Ich werde eine Fernreise mehr machen und noch mehr online shoppen, dafür aber auf meinen CO2-Ausstoß achten, wofür ich aber nicht auf meine Erbsensuppe verzichten werde. Alles super, oder? Jetzt noch meinen statistischen Anteil an Elternfreizeit zu nutzen, den deutsche Männer in 2019 nutzen werden, ist angesichts des Alters meines Sohnes schwierig. Er wird nächsten Monat 18.
Davon abgesehen ist 2019 mein maßgeschneiderter Wellness-Dress. Und das sollte es auch für Sie sein. Lassen wir es gechillt angehen und verfahren wir nach Kants kategorischem Imperativ – keine Angst, der ist ganz einfach. „Was du nicht willst, was man dir tut, das füg' auch keinem anderen zu." So würde er heißen, wenn man das von der Maxime des Handelns und so weiter rauslässt.
Mein 2019 steht mir so gut, es macht sogar einen knackigen Po. Echt! Vorhin ging ich Brötchen holen und hörte hinter mir eine

junge Frau zu ihrer ebenfalls jungen Begleiterin sagen: „Boah, hast du den Arsch da gesehen, unfassbar!" Ich hatte mich gerade in der Reihe vorgeschummelt. Aber das Kompliment war doch nett, oder?

Februar 2019
Ein Hoch auf den Muttizettel

Sie wissen ja sicher auch, dass das soziale Zusammenleben von Menschen stets unter Zuhilfenahme allseits anerkannter Übereinkünfte funktioniert. Man einigt sich über einen bestimmten Sachverhalt, der dann als anerkannt gilt. An sich eine gute Sache, auch wenn derzeit staatstragende und durchaus liebgewonnene Übereinkünfte wie Meinungsfreiheit und Gewaltmonopol immer wieder von Bekloppten in Frage gestellt werden, die an sich überall nur stören und allen auf den Sack gehen. Auf die komme ich im nächsten Monat wieder zu sprechen. Aber wo wir gerade bei „Gewaltmonopol" waren: Eine in Granit gemeißelte Institution im sozialen Leben ländlicher Regionen ist der allseits bekannte Muttizettel. Dem möchte ich meine Kolumne widmen, denn der Muttizettel wird oft stiefmütterlich behandelt (hihi), obwohl mit ihm so vieles steht und fällt. Mit einem solchen Zettel bewaffnet liegt einem als Pubertierendem an der Schwelle zur Adoleszenz quasi die Welt zu Füßen. Denn wenn man sich nicht beim Komasaufen oder Kampfkiffen erwischen lässt, ist man unter dem virtuellen Schutzschild des Muttizettels sicher. Er ist der Passierschein in die jugendfreien Bereiche der Welt der Erwachsenen, er ist der freie Fall im Testmodus mit Sicherheitsgurt. Der Muttizettel ist ein bisschen wie der MI-5-Spezialausweis oder die goldene Bahncard. Wenn man ihn vorzeigt, senken sich die Gewehrläufe und werden voreilig freigelassene Gewaltverbrecher zurückgepfiffen. So ein Zettel hat nämlich quasi bindende Wirkung. Beim Security-Check auf Metal-Festivals örtlicher

Rockergruppen steht der Muttizettel daher logischerweise noch über dem Diplomatenausweis oder dem Dienstausweis diverser Ordnungsbehörden.

Auch bei uns daheim war der Muttizettel ein beliebtes Instrument und hat stets seine Wirkung erzielt. So trat unser Sohn zum Beispiel vor einiger Zeit mit besagtem Muttizettel bestückt bei besagtem Metal-Festival des örtlichen Bikerclubs an und passierte sofort unbehelligt die düster dreinblickende Security. Denn ein Muttizettel ist, wie ich eingangs schon andeutete, ein von höchsten Stellen ausgestellten Universal-Visum. Darauf steht nämlich so in etwa: „Das ist mein Sohn und ich erlaube ihm, an Ihrer Veranstaltung teilzunehmen und sich in einem gesitteten Maß zu betrinken und daneben zu benehmen. Gruß, seine Mutter. P.S.: Gnade Ihnen Gott, wenn meinem kleinen Schatz irgendwas passiert! P.P.S.: Das gilt auch für meinen Mann, der sich da auch irgendwo herumtreibt!!“" Normalerweise reicht das. Da steht Vertrauen gegen Vertrauen. Ich erlaube meinem Kind eure Veranstaltung zu besuchen und ihr passt auf ihn auf, alles klar? Ob das bei der Welttournee von Metallica klappt, weiß ich nicht.

Auch in einem eher umfassenderen gesellschaftlichen Kontext wäre die Wirkweise eines Muttizettels erst zu prüfen, bevor er flächendeckenden Einsatz finden würde. Das wäre es jedoch auf jeden Fall wert. Denn vielleicht ist so ein Muttizettel ein geeignetes Instrument, um die durcheinander geratenen Deutschen zu befrieden. Und so lange unsere bereits angezählte Kanzlerin noch den Beinamen „Mutti" trägt, sollte das genutzt werden. Muttizettel für Immigranten, Gutmenschen, Vertreter der Lügenpresse, aber auch Wutbürger,

Reichsbürger (von der Reichsmutti) und Verschwörungstheoretiker. Jeder bekommt einen Zettel von der jeweils zuständigen Mutti, der im bescheinigt, dass er in einem gerüttelten Maße teilhaben darf an dem, was gerade ansteht. Und Muttis wollen sicher nicht, dass ihre Kleinen dadurch auffallen, dass sie Kot von Bäumen werfen, um diese zu retten oder ihre blanken Gesäße in Kameras halten, um Betroffenheit über einen Mord zum Ausdruck zu bringen. Von Nazigruß und antisemitischem Gelalle ganz zu schweigen. Da bekommt die deutsche Normalmutti Plaque von. Also wären die Doofen dann in Ermangelung eines gültigen Muttizettels gezwungen, draußen zu bleiben und zuzuschauen, was ihnen dann sicher eine Lehre wäre. Ich finde, wir sollten das ausprobieren. Vielleicht starte ich bald schon eine Online-Petition zur bundesweiten und anlassunabhängigen Einführung des Muttizettels – und dann zähle ich auf Sie!

März 2019
Der Geist ist ja willig …

… aber das Fleisch oft so schwach. Wissen Sie, was ich meine? Das neue Jahr ist nicht mehr so neu. Schließlich hat es im März schon einiges auf dem Buckel. Man hat sich daran gewöhnt und verschreibt sich kaum noch. Und sonst? Was ist aus Ihren, unseren und auch meinen guten Vorsätzen geworden? Die hat man ja automatisch, wenn sich das vorherige Jahr verabschiedet. Ach, was will man alles besser machen und umstellen und zukünftig dran denken. Auch wenn ich mich redlich bemühe, zum Jahresanfang keine guten Vorsätze zu haben – es bleibt ja unter uns – habe ich auch immer wieder welche. Natürlich habe ich mir im Januar in der Muckibude Muskelkater an Stellen geholt, wo ich keine Muskeln vermutet hätte. Natürlich habe ich einen Bogen um meinen Lieblingstürken gemacht – um dann im Februar zweimal pro Woche bei ihm aufzuschlagen für „einmal scharf mit alles und Haussoße". Na, und ein bisschen wie eine Niederlage schmeckten die ersten Bisse in die leckere Fleischtasche „mit alles" schon. Aber Schwamm drüber.
Dabei denke ich, dass jeder x-beliebige Tag im Jahr genauso gut ist wie der erste des Jahres. Wenn man denn ernsthaft etwas ändern wollte. Vielleicht sind wir da viel zu fixiert auf „magische" Daten und Zahlen und den ganzen Bimmbamm. Das macht ja auch irgendwie unfrei und verdirbt die Freude am Genuss ebenso wie an der sportlichen Bewegung. Und die guten Vorsätze für ein neues Leben sind nur ein Beispiel, bei dem wir uns gutmeinend im Weg stehen. Das ist auch so mit dem zurückliegenden Valentinstag, an dem man

Blumen verschenken und nett zu seinen Lieben sein soll. An sich ok, aber warum nicht auch an allen anderen Tagen und warum immer nur einseitig von mir für die anderen? An Volkstrauertage soll man traurig sein und am ersten Mai progressiv arbeiterklassig und emanzipatorisch. Fehlt eigentlich nur noch ein Volkswutbürgertag, an dem man auf der Straße straflos blödes Zeug plärren und seinen blanken Allerwertesten feist präsentieren kann. Ein Volksfalschparkertag wäre mir auch genehm. Der müsste wohl vom Termin her so variabel einsetzbar sein, wie ich spontane und unerlaubte Abstellmöglichkeiten für mein Auto suche. Oder der Volkszechprellertag. Der würde sicher von ganzen Heerscharen hochmotivierter Mitbürger zelebriert. Sie sehen: Mit ein bisschen gutem Willen und der nötigen Flexibilität kann man dem unbedingten Festhalten an Traditionen durchaus etwas abgewinnen.

C´est la VIE März 2019
Hallo, hilflose Senioren im Kreis
Viersen

„Guten Abend, hier spricht die Polizei!" Von wegen. Wieder einmal geht das Gespenst der angeblichen Polizeianrufe um bei Bürgern im Alterssegment „50plus". Neulich waren es noch die heulenden Enkeltöchter, jetzt ist es der freundliche Kommissar aus dem Äther. Und anscheinend fallen ja auch immer wieder welche darauf herein. Da wird dann von Festnahmen in der direkten Nachbarschaft erzählt und dem Ausspähen des eigenen Hauses. Gefahr im Verzug, Mitarbeit dringend erforderlich. Und schon wähnt man sich mit einem Fuß im Tatort oder Polizeiruf 110. Ganz nah dran am ermittelnden Beamten. Soweit verstehe ich das, aber dann? Warum gibt man denen dann seine Kontoverbindungen durch oder sammelt Wertsachen zusammen, um sie irgendwem in die Hand zu drücken, der dann auf einmal an der Tür steht? Ich meine: So blöde kann man sich in einem Erwerbsleben nicht saufen, oder? Möchte man zumindest meinen. Doch die packen den lästigen Trick ja alle Backe lang wieder aus. Und warum? Weil er erfolgreich ist. Früher sagte man: „Aus jedem Bus steigt ein Blöder, bei dem man es versuchen kann." Heute brauchen die keine Busse mehr. Heute wohnen die Blöden gleich nebenan – oder sogar in Ihrer Wohnung, wer weiß. Also, noch mal zum Merken: Die Polizei ruft nie mit der Nummer „110" an. Und sie erzählt Ihnen auch nichts von aktuellen Fahndungserfolgen in Ihrer Nachbarschaft oder schickt seltsame Gestalten lang, um die Familienjuwelen „sicherzustellen". Wer das glaubt, der glaubt auch an die unbefleckte Empfängnis oder daran, dass man nur mal laut „Merkel muss weg“ plärren muss, um das Abendland zu retten. Apropos retten: Seid ihr eigentlich noch zu retten?

How to be German, lesson 1:
Vom Brexit, Rasenmähzeiten und den Hits von Modern Talking

Der Brexit beschäftigt derzeit allenthalben die Gemüter wie sonst nur die Aufstellung der Nationalmannschaft. Man mag ja dazu stehen wie man will. Ich persönlich sage mir, dass es schon nicht so schlimm wird, sind ja *Engländer, weißt schon*. Das Geschacher, Gejohle und die Ignoranz der Parlamentarier an der Themse und das immer wieder anders lustige „Ordääääää!"-Gebrüll vom Ringrichter John Bercow mögen wegen mir noch lange weitergehen. Noch sind sie nicht draußen, die Briten. Und noch will sie von uns ja auch noch keiner so richtig rausschmeißen. Also Abwarten und Tee trinken. Mein von der nebligen und regnerischen Insel stammender Freund … nennen wir ihn der Einfachheit halber Tommy, weil früher alle Engländer Tommy hießen … hatte das hin und her leidlich satt und beschloss daher, dem Common Wealth den Rücken zu kehren und ein Bundesbürger mit Brief, Siegel und allen Privilegien zu werden. Das wäre sicher ein Leichtes, dachte ich mir. Denn er ist ja an sich so deutsch wie Sie und ich. Er hat vier Kinder, eine nette und dazu noch deutsche Frau, ein Haus und geht seit Jahrzehnten einer geregelten Arbeit nach. Das kann nicht jeder Deutsche von sich sagen. Deshalb glaubte ich, dass es sicher nur ein sogenannter Verwaltungsakt sei und Tommy wäre schwuppdiwupp ein „Kraut". Er seinerseits zeigte sich mehr als willig, so dermaßen derbe deutsch zu werden, dass es eine wahre Lust wäre für dackelkrawattentragende

Senioren und dergleichen Zeitgenossen. Er gelobte sogar, sich ab dem Tag seiner Einbürgerung an die geltenden Vorschriften über den Betrieb von Motorrasenmähern in Verbindung mit den dafür vorgesehenen Zeitkorridoren zu halten und dies ebenso bei den nicht minder deutschen Nachbarn einzufordern. Auch wollte er künftig Kindern und Jugendlichen, die sein Grundstück passierten, allerhand Drohungen und Verwünschungen nachrufen. Das empfanden seine Gattin und auch ich gleichermaßen als nicht notwendig, doch er bestand darauf, weil er es bei einem Nachbarn beobachtet hatte. Es ist schon erschreckend, was Deutsche ihren unbedarften Nachbarn mit Migrationshintergund vorleben. Zum Glück gibt es wohl aus diesem Grund den Einbürgerungstest, und zu diesem wurde Tommy auch eingeladen. Am angegebenen Termin erschien er also in der Kreisverwaltung und wurde dort von 24 weiteren zukünftigen Deutschen erwartet. Zum Glück fühlte er sich gleich wie zu Hause, denn bis auf fünf verirrte Restausländer waren die Briten an diesem Vormittag weitestgehend unter sich und ließen es sich im Wartebereich gutgehen.

Der Test selbst war nicht so schlimm, meinte er. Welche Farben sind in der NRW-Fahne? Wie viele Bundesländer kamen 1990 dazu? Wer schrieb wo den Text der Nationalhymne? Wie viele verschiedene Melodien hatten die Hits von Modern Talking? Kann man schaffen. Auch wenn Tommy sich über Fragen nach Trainerwechseln in der Bundesliga, der Transferliste oder der derzeit gültigen Abseitsregelung mehr gefreut hätte. Aber man kann nicht alles haben und Deutscher zu werden ist kein Wunschkonzert. Immerhin hat er ja schon einige deutsche Eigenarten angenommen, auf die er recht stolz ist. So stellt er sich zum Beispiel nicht mehr typisch britisch an und wartet, bis er an der Reihe ist. Nein, jetzt drängelt er sich deutscher als deutsch überall nach vorne und fühlt sich endlich ein bisschen mehr wie wir alle. Ich wünsche ihm von ganzem Herzen, dass er alle Fragen richtig geraten hat und endlich ein echter Deutscher werden darf. Und dass er das mit den Rasemähzeiten ebenso schnell wieder vergisst wie die dämliche Drängelei, die mir bei Geburtstdeutschen der x-ten Generation schon gehörig auf den Sack geht. Vielleicht wird dies für ihn ja eine unglaubliche und fantastische Reise in eine neue Welt, in ein Paradies mit Kehrkalender und Schneeschiebepflicht, einer deutschen Leiterverordnung aus dem Jahr 1937, dem unbedingten Rechtsfahrgebot bei Mehrspurigkeit und Nachtruhe ab zehn. Kurz: in eine Welt der Bekloppten und Bescheuerten. *Hach, ich freu mich so für ihn!* Und ich werde Sie regelmäßig auf dem Laufenden halten.

GURU Mai 2019

Rauchen einstellen und anschnallen, es wird jetzt ausgestorben

Das war´s, liebe Menschenfreunde im Geiste. Wir pfeifen aus dem letzten Loch. Der Homo Sapiens wird bald vom schönen Erdenrund verschwunden sein, wie einst die Dinosaurier. Doch im Gegensatz zu den Dinos bedarf es bei uns keines galaktischen Auffahrunfalls oder anderer interstellarer Unannehmlichkeiten. Nein, bei uns reicht ein einfacher genetischer Bluttest, um den Stein des Aussterbens ins Rollen zu bringen. Über das Thema wurde im Bundestag in dreiminütigen Redebeiträgen und durchaus kontrovers diskutiert, bevor es dann auf Wunsch dieses Spahns per Abstimmung zur künftigen Realität wurde. Und das war´s dann für die Menschheit. Die Büchse der Pandora ist geöffnet, jetzt geht´s rund. Denn mittels dieses Tests, auf den man demnächst im Leistungspaket der Krankenkasse Zugriff hat, kann nach einem kleinen Piekser festgestellt werden, ob das Kind im Leibe der Mutter „normal" ist oder eine sogenannte Trisomie 21 aufweist. Das Ergebnis dieser gar nicht so häufig auftretenden Chromosomenkonstellation ist ein Mensch, der das Down Syndrom hat. Das ist keine Krankheit, denn sonst könnte man sie ja heilen. Es ist eine Ausformung menschlichen Seins, ähnlich der vorbestimmten Veranlagung zu Plattfüßen, abstehenden Ohren oder einer Zahnlücke. Im Gegensatz zu eben genannten Lappalien ist die Diagnose Trisomie 21 künftig einem Todesurteil gleichzusetzen. Denn wer einen solchen Test machen will, der hat auch klare Vorstellungen im Kopf, wie denn der Nachwuchs bitte auszusehen habe. Und wenn man schon die Möglichkeit hat, weshalb sollte man da nicht früh genug diesem undankbaren Racker den Garaus machen und einen erneuten Versuch starten? Klingt sonderbar, verwirrend und leider auch ein bisschen logisch. Denn ob eine Idee gut oder sinnvoll ist, hängt ja zuerst einmal von den „Usern" ab. Und die wollen ganz im Stile von „kostenlos overnight liefern, Design-Qualität zum Lidl-Preis, Umtauschgarantie und die ersten sechs Monate keine Raten" nur das Beste. Die besten Tattoos, Flugreisen, Plasma-Fernsehwände, Fitness-Abos und Kreuzfahrten. Und auch Kinder. Am besten welche, um die man sich nicht kümmern muss, die einmal am Tag per Blue Tooth upgedatet werden und garantiert hochbegabt sind, um mal Chef zu werden. Das ist natürlich mit einem Kind nicht zumachen, das man liebevoll „Downie" nennt oder abfällig auch „Mongo". Dieses Kind braucht Zuwendung und sein Leben muss intelligent organisiert werden. Es wird immer ein bisschen hilfloser sein als seine Geschwister und die Gewissheit viel länger brauchen, dass Mama und Papa da sind.

Das kann man anscheinend nicht mehr von modernen Eltern erwarten. Denn sonst würde das Existenzrecht von Downies nicht so kackfrech zur Disposition gestellt. Von denselben Herzjesu-Demokraten, die bei der Erwähnung des Paragrafen 218 automatisch Schnappatmung und heftigen Puls bekommen. Schutz des Lebens ja, aber nur des Lebens, das wir für schützenswert halten. Niemand käme auf die Idee abzutreiben, wenn der Arzt einem in einem vertraulichen Gespräch mitteilen würde, dass das Kind einmal Füße haben wird wie eine Ente, rothaarig oder strohdoof würde oder bei heftigem Gegenwind Gefahr laufen könnte abzuheben und davonzugleiten. Man schämt sich also für vielleicht sehr hässliche Kinder mit der Gesichtsphysiognomie von Comicfiguren weniger als für jemanden, der bei der Chromosomen-Lotterie eines zu viel abbekommen hat. Das Leben von Downies kann sehr schön sein. Das hängt von den Menschen in ihrem Umfeld ab. Doch wahrscheinlich werden wir es nicht mehr erfahren, weil wir ja, wie eingangs erwähnt, aussterben. Es hat schon begonnen. Auf Island hat seit der Einführung des pränatalen Gentests vor einigen Jahren kein einziger Mensch mit Trisomie 21 mehr das Licht der Welt erblickt. Und so wird das weitergehen. Wer weiß, was man in einigen Jahren schon vorgeburtlich mit Gentests alles über den zukünftigen Erdenbürger feststellen kann. Und vielleicht bewegen wir uns auf eine Gesellschaft von DIN-genormten Chefs, Influencern und RTL-Bachelors zu, die dann ihrerseits definieren wird, wer zukünftig leben darf und wer nicht. Ganz ehrlich? Dann lieber zügig aussterben!

C'EST LA VIE
Mai 2019
Hallo, Viersen

Du zeigst Herz! Und das sollte auch mal gelobt werden. Deine Bürgermeisterin Sabine Annemüller hat in einem Brief an die Kanzlerin deine Bereitschaft zum Ausdruck gebracht, Bootsflüchtlinge aus dem Mittelmeer aufzunehmen. Derzeit beherbergst du um die 220 Flüchtlinge, es waren auch schon mal viel mehr. Und bestimmt war das einigen Bürger gar nicht recht. Trotzdem kommst du deiner Pflicht zur Menschlichkeit nach und rettest Leben. Denn darum geht es, um Menschenleben. Wenn die Liberalen und die Nationalen das im Rat anders sehen, dann haben sie nicht lang genug drüber nachgedacht. Zumindest die Liberalen. An sich können deine Viersener jetzt mächtig stolz auf ihre Stadt sein. Und hoffentlich machen sie auch den Mund auf, wenn die sogenannten Asylkritiker wieder Asyl kritisieren. Denn das werden sie. Aber ich bin mir sicher, dass du dich von deiner Position nicht abbringen lässt. Das imponiert mir. Kurz über lang kommen wir beide nicht um eine Facebook-Freundschaft herum. Ich freu mich drauf!

Juni 2019
Der Stein muss sein

Es gibt ja immer wieder neue Trends, die mich in Erstaunen versetzen. Einige, weil sie wirklich clever sind und ich mich frage, weshalb das vorher noch keiner zum Trend erhoben hat. Einige aber auch, weil sie komplett gaga und vor allem auch gefährlich sind. Steingärten gehören zu diesen neuesten und irgendwie unsinnigen Errungenschaften des Lebens. Was für Hipster „irgendwie buddhistisch" klingt und schöne Bilder im Kopf hervorruft, wie man sie in teuren Reisemagazinen sieht, verkommt jedoch in der deutschen Vorstadt schnell zur lebensfeindlichen Geschmacklosigkeit, über die sich nur die Baumärkte neben den Besitzern noch freuen können. Man hat bald das Gefühl, die Steingärten sind wie Drahtkleiderbügel und vermehren sich selbständig. Diese Haufen stellen eine ästhetische Kriegserklärung dar. Doch überall in den Vororten sieht am sie aus dem Boden sprießen – falsch! Blühwiesenmischungen oder Unkraut können sprießen, wenn man mal nicht aufpasst auch Hanfpflanzen, aber Steine nicht. Denn Steine können nicht sprießen, sie werden platziert. Von Menschen, die sich wahrscheinlich nicht einmal was dabei gedacht haben. Oder zumindest nichts Schlimmes. Die Steinkreationen sind dann auch noch eingefasst in „Steinhecken", also in Drahtkäfigen eingesperrte Steine. Gegen widerspenstiges Grün gibt es dann noch bei Amazon Round Up von Monsanto Schrägstrich Bayer. Ungelogen, das Zeug kann man immer noch kaufen und kostenlos bis zum nächsten Mittag nach Hause geliefert bekommen. Aber zurück zu den Steingärten. Ich frage mich immer öfter, weshalb jemand das tut. Weshalb pflastert sich einer den Vorgarten voll mit leblosen Steinen, nachdem er ein Heidengeld für ein Haus „im Grünen" bezahlt hat? Dann wird beim Grillen darüber schwadroniert, dass man der Betonwüste in der Stadt entkommen und den Kindern eine Kindheit in der Natur ermöglichen wollte. Das ist einleuchtend. Und weshalb dann eine leblose Steinwüste anstelle der ersehnten Natur? „Weil es weniger Arbeit macht", sagt der Steingartenliebhaber und freut sich scheckig, dass er nicht wie seine Nachbarn mit dem Rasenmäher oder der Heckenschere ausrücken muss, um den Garten in Schuss zu halten. In der Zeit kann er ganz gemütlich mit den Kindern im Auto in die Natur fahren oder drinnen hocken und … ja, was eigentlich tun? Vielleicht eine Online-Petition gegen das Bienensterben anklicken und teilen. Das ist ja derzeit modern. Das kann man bei einem Mail-Check in einem Aufwasch erledigen: Für Menschenrechte in China, gegen Bürokratie in Brüssel und natürlich das Bienensterben. Was er scheinbar völlig ignoriert, ist die Tatsache, dass die Bienen, um deren Überleben er sich online so bemüht, in seinem „Garten" keine Chance hätten. Denn Blumen und Pflanzen aller Art gehören zu einer funktionierenden Umwelt dazu. An sich ganz einfach: Keine Blumen, keine Bienen. Und in der Folge: Keine Bienen, keine Blumen. Dann werden alle Gärten zu Steingärten. Und in den Städten geht die Temperatur hoch. Denn Steine, wenn sie im Sommer erst einmal richtig schön aufgeheizt sind, geben diese Hitze nur zu gerne wieder ab. Dann wird es unangenehm heiß und schattenspendender Trost ist natürlich schon längst ausgestorben oder besteht aus Silikon und stammt ebenfalls aus dem Baumarkt. Dann steht man abends an der Terrassentür und schaut zufrieden in die Natur und hört – nichts. Denn auf, an, neben und über Steinen gibt es kein Leben. Kein Tirili, Piep und Tschiep-Tschiep. Totenstille. Bis man Alexa den Befehl gibt, die Tonschleife „Ländliche Abendstimmung" abzuspielen, bei der einem das beruhigende Gesumme der Bienen am besten gefällt. Aber wenigstens braucht man nicht Rasenmähen und Unkrautzupfen.

Evolution? Für mich persönlich uninteressant

Die Welt ist im Wandel und wir wandeln uns mit, passen uns an. Wir lernen den Umgang mit Dingen, von denen wir in der Grundschule nicht zu träumen wagten. Wir entwickeln uns, was ja auch gut ist. Wer nicht mit der Herde läuft, wird hinten von den Wölfen gefressen. Also dran bleiben und sich verändern. Wir nutzen Apps, die uns zeigen, wo eine Frittenbude ist. Das erkannte man früher am Geruch und der damit einhergehenden ästhetischen Beschilderung. Notfalls hat man irgendwen gefragt, eine Auskunft bekommen und sich artig bedankt. Heute bewertet man die Empfehlung der App und gibt darüber hinaus alle relevanten persönlichen Daten preis. Naja, denke ich oft, es dient ja auch dem Erhalt der Spezies. Und wenn dazu gehört, dass man einer asiatischen App mehr traut als der eigenen Nase, dann ist das halt so. Das Ganze verfolgt ja einen Sinn und man nennt es Evolution. Das bedeutet, dass sich die nachfolgende Generation mechanisch für neue Herausforderungen wappnet. Deshalb haben es unsere Vorfahren irgendwann mal mit dem aufrechten Gang versucht und können in Folge dessen heute sinnvolle Dinge tun wie Einkäufe tragen und gleichzeitig weitestgehend würdevoll vorankommen. Das ergibt einen Sinn. „Hör mal, Menschenfreund", höre ich Sie sagen. „Jetzt übertreibst du aber. Das mit dem aufrechten Gang ist ja schon `ne Weile her." Gut erkannt, aufmerksamer Leser, erwidere ich da und habe natürlich unvorbereitet wie ich bin ein aktuelleres Beispiel zur Hand. Unsere Nachgeborenen haben bereits nachgewiesenermaßen viel ausgeprägtere Fähigkeiten in der fast schon akrobatischen Nutzung der Daumen, mit denen sie in Hammergeschwindigkeit Nachrichten in ihre Smartphones hacken, während man selbst mit abgespreiztem Zeigefinger Einzelbuchstaben aneinanderreiht. Es scheint fast so, dass mit jedem digitalen Gerät, das unseren Alltag erobert, eine neue Stufe der Evolution beschritten wird. Das kann auf Alte wie mich oft befremdlich wirken und ich frage mich immer öfter: „"Muss das sein?" Muss man zum Beispiel neuerdings mit dem Kinn telefonieren? Wäre es nicht viel praktischer, das Telefon an das Körperteil zu halten, das quasi prädestiniert ist zum Hören? Und dann haben die meisten von uns auch noch zwei davon, eins links und eins rechts. Mir reicht das, um mich zu überzeugen. Andere scheinbar nicht. Das mag daran liegen, dass sie ihre Ohren mit Muffelstücken und anderem Klempnerbedarf dekorieren, damit sie möglichst bizarr aussehen. Da vergisst man schon mal schnell, wozu die Lauschlappen eigentlich da sind.

Mich persönlich erinnern die Kinntelefonierer immer an Patienten des Zahnarztes, denen ein Spuckschälchen vor den Mund gehalten wird, wenn es bei der Wurzelbehandlung fies, blutig oder eitrig zu werden droht. Vielleicht trifft das ja im übertragenen Sinne zu, obwohl ich noch nie jemanden von denen auf sein Smartphone habe speien sehen. Darüber hinaus sieht es nicht nur irgendwie bescheuert aus, es zwingt den Nutzer auch, das Gespräch mittels Lautsprecher zu führen. Immerhin hat er verstanden, dass sein Kinn taub ist wie ein Stein. Bleibt die Frage nach dem warum. Wo genau liegt der Sinn in diesem Verhalten? Ist es gar der unstillbare Trieb, alte und liebgewonnene naturwissenschaftliche Erkenntnisse ad absurdum zu führen? „Schaut her, ich kann sehr wohl mit dem Kinn zuhören, bätschi!“ Wenn es das wäre, dann gönne ich es ihnen, vor allem für später. Gerade im fortgeschrittenen Alter ist es nämlich tröstlich und schön, wenn man auf Überzeugungen zurückblicken kann, die man mal hatte. „Ich wollte der Welt beweisen, dass die funktionale Zuordnung der Körperorgane nicht zwingenden Charakters ist“, klingt so viel edler als: „Ich Blödkopp habe eine Saison lang mit dem Kinn telefoniert, weil Heidi Klum das im Fernsehen auch mal gemacht hat.“ Natürlich folgt man einfach dem Herdentrieb. Alle tun das jetzt so, dann tu ich das auch. Vor ein paar Jahren war es hip, die Sonnenbrille falsch herum am Kopf zu tragen, damit sie dem Nacken ermöglichte, auch im grellsten Sonnenlicht noch scharf und gut zu sehen. Das hat sich zum Glück überholt, weil es sich aus evolutionstechnischer Sicht nicht als Vorteil herausgestellt hat, der die Spezies Mensch dem Warp-Antrieb näherbringt. Vielleicht ergeht es dem Kinntelefonieren ja auch so.

August 2019
Von Cowboyautos und Nagelstudios

Neulich stand ich an der Ampel. Die Sonne schien und ich pfiff eine fröhliche Melodie vor mich, als sich auf einmal alles um mich herum verdunkelte. Die Sonne war weg und die Vögel verstummten. Nichts Gutes ahnend schaute ich mich um und sah – nichts. Glänzendes Schwarz. „Schwarze Löcher, es gibt sie doch", entfuhr es mir, als die Ampel auf Grün umschlug und das Loch sich laut brummend in Bewegung setzte und verschwand. Seine seitlichen Ausmaße entsprachen exakt der Fahrbahnbreite und weil der Fahrer/die Fahrerin/"da Blötschkopp" wohl Angst hatte, die Fußgänger auf seiner Seite oder mich in meinem wehrlosen Kleinwagen zu wegzurasieren, zog er weiter in Richtung Straßenmitte und zwang den Gegenverkehr seinerseits auf den Radweg auszuweichen, um einer Kollision zu entgehen.

„SUV" heißen diese Dinger. Das steht für „scheiß unpraktische Vahrzeuge" – nein, es heißt „Special Utility Vehicles", also Fahrzeuge, die man für spezielle Anlässe braucht. Zum Beispiel, um sein Segelflugzeug, Boot oder Pferd von A nach B zu transportieren. Oder weil man Forstwirt ist oder selbständiger Bauhandwerker und als solcher Unmengen an Zeug herumkarren muss. Nun ist die Zahl der Segelflieger jedoch ebenso stagnierend wie die der Forstwirte, Reiter und Segler. Und trotzdem sind die Städte, Straßen und Parkhäuser vollgestopft mit Fahrzeugen, die sich für manche „special utility" eignen, aber nicht zum Abholen des Nachwuchses aus der Kita oder störungsfreien Abstellen in Wohnstraßen. Für jede Art von Parkplatz (Außer LKW-Plätzen) sind die Dinger völlig ungeeignet, weil dort die Abmessungen des jeweils zur Verfügung stehenden Parkraums seinerzeit für Fahrzeuge erdacht wurden, die zwangsläufig und der Logik folgend immer kompakter und von Personen gelenkt würden, die ihr Handwerk verstehen. Beides ist nicht mehr zeitgemäß und muss überdacht werden. Mit den Protzerkisten kam das „Platz da, jetzt komm´ ich"-Gehabe der neuen SUV-Philosophie.

Wie ich sicher schon erwähnte, entsteigt den Dingern nur ganz selten ein praktizierender Cowboy oder gar Colt Seavers („The unknown stuntman"). Wer ist es dann? Zum Beispiel kleinwüchsige Muskelmänner oder deren nicht minder kleinwüchsige Frauen. Die betreiben dann oftmals noch ein mobiles Nagelstudio und das Blechmonster ist das Loch, in dem das Existenzgründungsdarlehen abgesoffen ist. „Moni´s Nagelcreationen" macht anscheinend Kundenbesuche beim Mann in den Bergen oder weit draußen in der Sahelzone. Das würde durchaus Sinn ergeben. Hauptsache, vorne ist ein Kuhfänger dran. Das ist praktischer, wenn man den Nachwuchs morgens zur Schule bringen und bis zur Schultür vorfahren muss, weil Claudia Kleinert oder Sven Plöger bei der Wettervorhersage im Ersten von 50-prozentiger Regenwahrscheinlichkeit gesprochen haben. Im Fahrzeug und hinter dem Lenkrad sind sie von außen kaum wahrzunehmen. Genau wie die zweite häufig anzutreffende Gruppe: Hausfrauen, die gezwungen sind, den Alltag in diesen allradbetriebenen Riesenkisten zu stemmen, weil der Gatte unbedingt eine haben wollte. Der fährt aber lieber mit der Bahn zur Arbeit oder pendelt im kleinen Zweitwagen, weil es praktischer ist. Ergibt Sinn, oder?

Jetzt mal unter uns: SUVs gehören nicht in Städte. Denn Städte werden nicht größer. Nur voller. Hier im Westen gibt es auch sehr selten urbane Schotterpisten, Sanddünen oder Bachläufe, die es zu passieren gilt auf dem Weg zum Getränkemarkt. Auch der zur Verfügung stehende Parkraum wird nicht mehr und kaum jemand lächelt verständnisvoll, wenn ein Sch***-SUV zwei oder mehr Parkplätze blockiert, weil er erstens zu groß ist und zweitens der Fahrer keinen blassen Schimmer hat, wie man mit einem solchen Koloss umgeht. Es gibt Menschen, die so ein Ding brauchen. Beruflich zum Beispiel. Aber von denen kommen die wenigsten auf die Idee, damit vor Kindergärten und Schwimmbädern oder in engen Wohnstraßen alles plattzuwalzen und vollzustopfen.

Auch ist es ein Gerücht, dass paarungsfähige Sapiens-Weibchen angesichts eines SUV automatisch denken: „Leckofanni, der sicherlich attraktive Fahrer hat bestimmt ein Mordsgehänge, ich schmelze dahin." Das Gegenteil ist der Fall. In diesem Sinne bis demnächst.

September 2019
Ich zahl´ schließlich Steuern!

Neulich führte ich eine interessante Diskussion über das kausale Verhältnis von achtlos hinterlassenen Fäkalien und der Tatsache, dass in Deutschland Steuern erhoben werden. Das Ergebnis war nicht wirklich zufriedenstellend. Trotzdem möchte ich Sie gerne teilhaben lassen. Ich trat also an einem sonnigen Tag aus meiner Haustür und mein Blick fiel direkt auf einen angeleinten Hund, der in entwürdigender Stellung und mit gekrümmtem Buckel scheinbar unter großen Mühen seine Notdurft verrichtete. Herrchen schaute gelangweilt zu, wie sein Bello sich vor meiner Haustür erleichterte. Als Herrchen mit dem Ergebnis zufrieden war, setzte er an mit Bello abzudackeln. Verwundert über dieses Verhalten sprach ich ihn den Umständen entsprechend freundlich an und verwies auf die Existenz sogenannter Hundekotbeutel, die es überall auf seiner Strecke umsonst in Hundekotbeutelspendern gebe sowie die Mülltonne wenige Meter weiter, in die er die Hinterlassenschaft seines Hundes entsorgen könne. Herrchen schaute mich jedoch an, als hätte ich ihn gerade zum geschlechtsneutralen Schäferstündchen eingeladen. Dann platzte es aus ihm heraus: Was mir denn einfalle, ob er etwa „Scheiße herumschleppen" solle, dafür gebe es ja wohl Leute und außerdem zahle er schließlich Steuern. Jetzt dachte er wohl, das fiskalische Totschlagargument würde mir Flegel den Saft abdrehen. Auf meine Frage hin, was die allgemeine Steuerpflicht mit der Scheiße seines Hundes vor meiner Haustür zu tun hätten, wurde es ihm aber zu bunt. Also erklärte er mir (übersetzt): Weil er Steuern zahle, könne sein Hund sich erleichtern, wo er wolle. Es gehe mich absolut nichts an und wenn es mich störe, könne ich ja die Sch**** seines Hundes fachgerecht entsorgen. Das sei meine Entscheidung. Er jedenfalls fasse so etwas nicht an, als Steuerzahler. Wo komme er da denn hin und ob ich überhaupt wisse, was „Steuern" sind. Dann lud er mich seinerseits zum fröhlichen Balgen vor meiner Haustür ein, konnte dann aber anscheinend doch nicht, weil er plötzlich hastig davoneilte. Mich ließ er mit Bellos Kackawurst und der Frage zurück, was asoziales Benehmen und die allgemeine Steuerpflicht verbindet. Ist es vielleicht so, dass man sich immer mehr wie eine offene Hose benehmen kann, je mehr Steuern man bezahlt? Mit Blick auf manche Promis und sogenannte Elitevertreter käme das hin. Aber ist Steuern zu zahlen nicht an sich Bürgerpflicht? Hängt davon nicht unser aller Zusammenleben – sprich: Gemeinwohl – in entscheidendem Maße ab? Ist man als steuerzahlender Bürger also berechtigt, sich wie ein Arschloch zu verhalten und die Welt vollzukacken – „schließlich kommt ja einer, der meine Kacke wegmacht. Das von mir zu verlangen ist ja wohl die Höhe! Hallooo? Ich zahle Steuern!!" Das kann es nicht sein. Aber es erklärt angesichts des erschreckenden Verhaltens vieler Mitmenschen in der Öffentlichkeit die vollen Kassen in Berlin. Das ist jetzt eine Zwickmühle. Will ich in einem reichen Land voller offener Hosen leben oder in einem, das weniger Geld hat aber mehr Manieren? Ich bin hin und her gerissen, muss ich gestehen.

Zurück zu Herrchen. Ich weiß jetzt, wie er heißt und wo er wohnt. Also bewaffne ich mich beizeiten mit einem frischen und im Hundekotbeutel aufbewahrten Haufen seines Bellos und werfe ihn nebst

der Adresse von Herrchen und dem Hinweis darauf, dass er schließlich Steuerzahler ist, beim Finanzamt in den Briefkasten. Mal sehen,
ob die ihm das dann erklären können mit den offenen Hosen und der
Steuerpflicht.

Oktober 2019

Weniger ist nicht immer mehr und blau nicht die beste Wahl

Kann es sein, das uns derzeit alle irgendwie bescheißen wollen? Oder um es anders zu sagen: beschummeln, behumpsen, abziehen, für blöd verkaufen und so weiter. Das fängt im Supermarkt an und hört dort an der Kasse noch längst nicht auf. Doch bleiben wir im Supermarkt. Da wird ja angeblich ein Tiefpreis vom nächsten abgelöst. Und wenn es gerade nicht die Preisrutsche hinab geht in den Keller, dann wird es zumindest nicht teurer. Denkste! Wir bemerken es nur in den seltensten Fällen, wie zum Beispiel bei Nestlés Katzenfutter „Felix", bei den Twix Minis, dem Milka-Eis bei Rewe, den Cerealien von Kellogg, den Chipsletten von Lorenz oder der unverwüstli9chen LIDL-Salami. Sie sind alle teurer geworden ohne teurer zu werden. Man tut einfach weniger rein und wir merken es nicht, weil die Packung ja so aussieht wie immer. Und weil es ja so ist wie immer, bemerken wir es nicht. Oder wollen es nicht bemerken, wie der Mann, der zu den steigenden Benzinpreisen sagt: „Für mich persönlich uninteressant, ich tanke immer für 20 Euro." Manchmal bleiben Preis und Füllmenge identisch, obwohl der Verbrauch steigt. Das liegt dann daran, dass zum Beispiel bei Shampoo-Flaschen einfach oben das Loch vergrößert wird und mit jeder Nutzung mehr Shampoo rauskommt und ungenutzt im Ausguss landet. Hauptsache die Flasche ist schnell leer und wir holen eine neue.

Was können wir also tun? Am einfachsten wäre, die Leselupe mitzunehmen und jedes noch so alltägliche Produkt einem genauen Check zu unterziehen, bevor es im Einkaufswagen landet. Dann

115

wird Einkaufen aber zur abendfüllenden Tätigkeit und gut im Kopf-
rechnen muss man auch noch sein. Oder wir scheren uns nicht drum.
Sind ja nur ein paar Cent und selbst wenn die bei einem 80-Millio-
nen-Volk mal schnell zur kriminell hohen Summe auflaufen, könnte
ich ja nichts daran ändern. Kann ich nicht? Oh, doch. Ich kann. Und
Sie auch. Bestimmte Anbieter und Markenvertreiber müssen einfach regelmäßig abgewatscht werden. Schon deshalb lohnt es sich,
der Schwarmintelligenz zu folgen und genauer hinzuschauen. Denn
900 Milliliter sind eben kein Liter und 450 Gramm kein Pfund.
Auch Angaben in Unzen finde ich an sich zuerst recht schick, aber
weil es beim Umrechnen immer so lange dauert, greife ich zu den
bekannten Maßangaben. Da kommt man dem Beschiss leichter Auf
die Spur.

Wie ich eingangs schon erwähnte, endet der Einflussbereich der
Mogelpackung aber nicht an der Supermarktkasse. Derzeit wird be-
trogen und gelogen, was das Zeug hält. Dieser Johnson in Großbri-
tannien belügt seine Queen, das Parlament und die Honks, die ihn
gewählt haben wegen des Brexits. No-Deal, No-No-Deal, Perhaps-
Deal, Fuck-Off-Deal … wer blickt da noch durch? Aber gut, das ist
so oder so ab November das Problem der Briten. Schwamm drüber.
Was aber nicht das Problem der Briten ist, ist dieser Bernd oder
Björn Höcke mit seiner AfD. Diese Alternative war an sich von An-
fang an eine Mogelpackung, wie sie im Buche steht. Hat bislang
noch nicht genug Leute gestört. Jetzt könnten aber einige mehr
wachwerden, nachdem der Mann ziemlich offen vor laufender Kamera Leuten unverhohlen mit nicht allzu ferner Vergeltung droht,
die Fragen stellen, die ihm nicht gefallen. Zum Beispiel nach seiner

völkischen Wortwahl und der offenen Nähe zu üblen Volksverhetzern. Bislang haben er und seine Kumpanen sich als die einzigen frei Denkenden in Deutschland inszeniert, denen es um absolute Meinungsfreiheit geht. Doch dann genügen ein paar Fragen und er lässt die Maske des Biedermannes fallen. Na, jetzt ist es aber Zeit, auch diese Mogelpackung genauer unter die Lupe zu nehmen. Vielleicht fragt sich jetzt der eine oder andere Protestwähler, wie es die AfD zum Beispiel mit der Rente hält. Bislang weiß man nur, dass der Meuthen sie abschaffen will. Als System. Einfach so. Er macht sich aber noch nicht einmal die Mühe, wenigstens weniger reinzutun oder mehr rauslaufen zu lassen. Er zeigt nur mit dem nackten Finger auf irgendwelche Immigranten oder Journalisten und sagt: „Die sind das schuld!" Ob er damit noch lange weiterkommt, wage ich zu bezweifeln. Denn wie im Supermarkt bei Chips und Scheibenkäse kann der deutsche Wähler eine korrekte und dem Inhalt entsprechende Auszeichnung verlangen. Wo also „Demokratie" draufsteht, darf kein Fremdenhass drin sein. Wo Meinungsfreiheit draufsteht, sollte kein „Warte, wenn ich mal groß und Kanzler bin ..." drin sein. Das sehen die Wähler der AfD sicher auch so, oder sie lassen sich gerne behumpsen. Dann wären sie aber blöd, was ich ihnen sicher nicht unterstellen würde. Wenn ich aber wählen dürfte, würde ich mir wünschen, dass sie lieber weiter zu teure Chipsletten und Katzenfutter kaufen als eine Partei zu wählen, die gar keine ist.

November 2019
Das Böse hat Zöpfe und eine Prima-Klimabilanz

Seit Monaten geistert sie durch alle Medien. Sie schwänzt die Schule und bekommt dafür den alternativen Nobelpreis. Sie stachelt Kinder in der ganzen Welt auf, es ihr gleichzutun. Und sie spaltet die Welt der Erwachsenen in Bewunderer und Hasser. Die Rede ist natürlich von Greta Thunberg, diesem Gör aus Schweden, das den jungen Menschen Flausen in den Kopf setzt, dass es doch noch eine Zukunft geben kann, wenn wir es wollen und etwas dafür tun. Und dann geht sie auch noch hin und redet vor der UNO Klartext, nachdem sie klimaneutral den Atlantik überquert hat. Also, das geht ja gar nicht! Und da ist es klar, dass ganz viele Menschen von ihr die Nase voll haben. Greta hier, Greta da, Greta in Amerika … Wann geht die eigentlich zur Schule oder hat die das nicht mehr nötig? Unsereiner wurde damals abgemahnt und musste nachsitzen, wenn er mal die Schule geschwänzt hat, die bekommt einen Preis und wird in Talkshows eingeladen. Da kann man schon einen Hals bekommen, oder?

Nein! Denn Greta macht alles richtig, nachdem wir alle jahrelang fast alles falsch gemacht haben. Und sie will uns nicht ärgern, sondern uns und vor allem unseren Nachkommen den Hals retten. Trotzdem knallen regelmäßig vor allem Männer in den 50ern völlig durch, wenn sie nur den Namen hören. Warum eigentlich? Wahrscheinlich, weil sie uns zeigt, was wir so alles verbockt haben oder das schafft, von dem wir nur geträumt haben. Das kann ja auch nerven, einfach so mit dem eigenen Versagen konfrontiert zu werden.

Da retten sich meine Geschlechts- und Altersgenossen ins Internet und kübeln da über das Mädchen ab. Sie solle doch absaufen, der Atlantik sei ja groß und tief genug, heißt es da. Bei Facebook habe ich auch gelesen, sie möge sich mal „ordentlich durchf***en" lassen, weil sie es ja wohl nötig habe. Und dann natürlich die lächerlichen Versuche, Greta und die von ihr losgetretene Bewegung der völligen Inkompetenz und Heuchelei zu überführen. „Ja, warum tut die Greta denn nicht mal was gegen den Verkehr in den Städten?" und „Die ist ja nur mediengeil und will ins Fernsehen". Fehlt nur noch „Warum bringt Greta denn nicht mein Leergut zum Container, da würde sie sich wenigstens nützlich machen" oder „Was erlaubt die sich, den Kindern einzureden, es gäbe eine Zukunft?"

Als praktizierender Menschenfreund bin ich einiges gewöhnt und habe auch für manchen Pannekopp irgendwie doch Verständnis. Doch das stellt mich vor ein absolutes Rätsel. Was hat dieses Mädchen den Leuten getan? Sicher, sie hält uns den Spiegel vor. Und was wir da sehen, ist nicht so toll. Denn an sich haben wir auf ganzer Linie versagt. Dass unser Konsumverhalten die Welt zerstört, wissen wir seit Jahrzehnten. Trotzdem nimmt die Zahl der Buchungen für Billigkreuzfahrten und der Anmeldungen von SUVs ebenso zu wie der Trend, mit den Kollegen zum Saufen um die halbe Welt zu fliegen – kostet ja nix und machen ja nur wir. Als ob die Bestussten wirklich noch mitbekommen, ob sie am Ballermann oder beim Wirt um die Ecke ihren Mageninhalt auf die Schuhe des Nachbarn speien. Wir sind völlig aus dem Ruder gelaufen, steuern den Kahn gerade mit Vollgas gegen die Klippen und pöbeln die an, die uns und vor allem unsere Kinder retten will. Ehrlich gesagt habe ich mich noch nie so geschämt, ein Mittfuffziger zu sein. Ich wünsche mir noch viele Gretas, große und kleine, die noch an eine Zukunft glauben und nicht daran, dass der Photoshop-Filter des Smartphones am Ende schon alles richten wird.

Dezember 2019,
die echte
Zwanzig-zwanzig, Nachdenk-Jahr!

Noch ein paar Tage, dann haben wir 2019 hinter uns. Mir persönlich kann es ehrlich gesagt nicht schnell genug gehen. Lassen Sie uns dieses Jahr ad acta legen und uns freuen, dass die Zeit immer nur nach vorne eilt und nie zurück. Obwohl es seinen Reiz hätte, mit dem heutigen Wissen am ersten Januar 2019 noch einmal zu starten und alles in andere Bahnen zu lenken. Da würden aber einige Leute ganz schön blöd dreinschauen. Aber zum Glück brauchen wir diesen Gedanken nicht weiterzuspinnen. Es wäre auch verlorene Liebesmüh´, zum Beispiel den Leuten in Thüringen erzählen zu wollen, dass sie bei weitem keine Verlierer der Wiedervereinigung sind und deshalb überhaupt nicht die Alternativdeutschen zu wählen bräuchten, da sie erst dadurch zu echten Verlierern würden (und wurden). Oder den Engländern erklären, dass dieser Boris Johnson ein Schwachkopf ist, der überhaupt nicht weiß, was er tut. Wahrscheinlich wissen die das selbst und wählen ihn nur, weil es ihrem verrückten Sinn für Humor entspricht. Aber man könnte auch kleiner ansetzen und hinter den tausenden anonymen Pöblern, Hetzern und Beleidigern stehen, bevor sie ihre ekelerregenden Anfeindungen und Lügen ins Netz kotzen. Keine Angst, da wäre keine ausufernde Gewalt im Spiel, nur ein gezielter Karnickelfangschlag oder ein saftiges Nackendöner, damit sie wach werden und vielleicht sogar ans Nachdenken kommen, bevor sie „senden" klicken. Denn es gibt nichts Unwürdigeres als dieses erbärmliche und feige Verhalten, das am besten in der Anonymität gedeiht und nur zu gerne als Meinungsäußerung oder politische Satire glorifiziert wird. Da sitzen sie dann, haben Schweißperlen auf der Stirn und Speichelfäden in den Mundwinkeln und beleidigen, was das Zeug hält. Vielleicht törnt sie das an und sie könnten danach glatt Sex haben. Aber mit wem, wenn man ein sogenannter „Incel" ist? Das sind die unfreiwillig zölibatär lebenden Prachtkerle, die alles und jeden für ihre Misere verantwortlich machen. Nur nicht sich selbst und ihren erbärmlichen frauenfeindlichen Charakter. Ach ja, es gäbe eine Menge an Zeitgenossen, die man besuchen und denen man helfen könnte, rückwirkend ihren Beitrag zu einem besseren 2019 zu leisten.

Schwamm drüber, konzentrieren wir uns lieber auf 2020, oder wie coole Trendsetter sagen: „zwanzig-zwanzig." Wenn wir uns alle ein wenig zurücklehnen und mal ernsthaft nachdenken, was alles besser werden könnte in diesem vor uns liegenden Jahr, dann wird das was. Ich würde mal sagen, wir einigen uns darauf, zwanzig-zwanzig zum „Jahr des Nachdenkens" zu erklären. Wer mitmache will, braucht nicht viel zu tun, nur nachdenken. Bevor wir irgendwelche alternativen Fakten in den Netzwerken streuen. Bevor wir Menschen nur deshalb angreifen und beleidigen, weil sie Frauen, Ausländer oder Schwule sind. Bevor wir das Smartphone zücken, um das sterbende Unfallopfer zu filmen. Das wäre ein Ansatz. Immer erst „Köpfchentanz" und dann agieren. Das macht alles so viel schöner. Und in diesem Sinne wünsche ich Ihnen von ganzem Herzen ein schönes Jahr zwanzig-zwanzig.

Januar 2020
Wenn Neugier Schule macht

Alle Jahre wieder reißt uns die PISA-Studie aus dem selbstgefälligen Halbschlaf und führt uns vor Augen, wie wir langsam verblöden. Nicht direkt wir, aber dafür unsere Kinder. Und das ist an sich ja noch schlimmer. Dass man in Deutschland an sich in einem Land der Bekloppten und Bescheuerten lebt, in dem man sich auf einiges an Blödsinn und Blödheit gefasst machen muss, ist längst rund. Und weil sich die Anzeichen zumeist schleichend einstellen, kann man irgendwie damit umgehen. Jetzt steht fest, dass jeder fünfte 15-jährige gerade einmal über das Lesevermögen eines Grundschülers verfügt. Das schreckt auf und man muss sich etwas ausdenken, um dem Problem zu begegnen. Oder man sucht sich einen Universalschuldigen, dem man die Sache in die Schuhe schieben kann. Bei den Eltern sind es die Lehrer, bei den Lehrern die Eltern und bei der Politik Eltern und Lehrer. Alle Seiten gemeinsam hacken auf den Schülern herum. Als ob gerade die etwas dafür könnten, dass an deutschen Schulen seit Jahren irgendwie der Wurm drin ist.
Woran liegt das? Ich glaube, wir haben uns zu lange auf den Lorbeeren unserer Eltern ausgeruht. Warum sollte man einen Gedanken an die Schulen verschwenden, wo wir doch das Volk der Dichter und Denker sind? Und weil wir ja per Definition toll sind, konnten wir auch an und in den Schulen sparen. Wenn für uns große grüne Tafeln, Overhead-Projektoren und Videocassetten ausgereicht haben, dann wird das für den Nachwuchs ja wohl dicke reichen. Denkste.

Dazu kommt ein System von teilweise sehr schlechten und nicht zielgruppengerechten Schulbüchern in den Händen von viel zu satten und auf sich selbst fixierten Lehrkräften, die entweder schwanger oder wegen Burnout in Kur oder für irgendeine Partei im Bundestag sind. Das kann ja nichts werden. Und wenn wir das im „Weltspiegel" als Reportage aus einem Schwellenland vorgesetzt bekämen, würden wir das auch verstehen. Aber hier? Bei uns? Nee, hier ist alles, wie es immer war. Das mag sein. Aber ist es deshalb automatisch gut? Ist es nicht. Denn wenn es das wäre, hätten wir bei der PISA-Studie auch mal eine reelle Chance, aus dem Mittelmaß hervorzutreten und uns nicht von Albanien, der Volksrepublik China oder Transnistrien überholen lassen zu müssen. In einigen Wochen stehen die Halbjahreszeugnisse an und mit ihnen Stress in manchem trauten Heim. Dann werden Mobiltelefone weggeschlossen, der Freizeitsport gestrichen und Nachhilfestunden mit Onkel Jürgen vereinbart. Der hat schließlich auch irgendwie sein Abitur geschafft. Das war zwar zu Zeiten der D-Mark, aber Abitur ist Abitur, oder? Und was wird's bringen. Nix.

Vielleicht sollten wir mal die Köpfe zusammenstecken und uns überlegen, wo an den Schulen der Hase im Pfeffer liegt und wie wir ihn da wieder rausbekommen. Die Kultusminister bemühen sich ja redlich und verstehen doch nicht, dass es keine ideologische Frage ist und auch nichts, was man mit Geld allein vom Tisch bekommt. Ich bin mir ziemlich sicher, dass es nicht an den Schülern liegt. Die können nur lernen, was man ihnen zu lernen aufgibt. Kinder sind von Natur aus neugierig und Neugier ist eine ideale Voraussetzung für schulischen Erfolg. Vielleicht auch bei uns, den Alten. Vielleicht sollten wir auch wieder anfangen, neugierig zu werden und neue Wege suchen aus alten Krisen. Dann wären wir sogar noch Vorbilder für unsere PISA-gebeutelten Kinder. Einen Versuch wäre es wert.

„Hallooo, wir kommen von Shopping-Queen!"

Ist Ihnen eigentlich schon einmal aufgefallen, dass sich viele moderne Frauen gerne und freiwillig in die Rolle völliger Hohlköpfe begeben? Immer häufiger nutzen sie eigens dafür geschaffene Sendeformate im Privatfernsehen, um aller Welt zu zeigen, dass sie in Wirklichkeit einen Ratsch am Kappes haben und die Errungenschaften in Bezug auf Gleichberechtigung und Emanzipation an ihren Teflon-Beschichtungen abperlen. Sie führen sich auf, als könnten sie keinen ganzen Satz aussprechen ohne zu trippeln, zu kichern und zu hibbeln. Gestandene Milfs beteuern allen Ernstes stolz und mit Kieksstimme, sie seien in Wirklichkeit kleine Mädchen und Barbie ihr ewiges Idol. Deshalb melden sich Tausende von ihnen jedes Jahr bei „Shopping-Queen", einer Sendung, in der frau dann genau diese neuen Eigenschaften vor laufenden Kameras zelebrieren kann. Die Regeln des Wettstreits um den Titel der lokalen Einkaufskönigin sind einfach. Guido-Maria gibt ein Motto aus und jede der fünf teilnehmenden Damen hat dann vier Stunden und fünfhundert Euro, um der versammelten Fernsehgemeinde zu zeigen, dass sie an Geschmacksverirrungen leidet. Da stürmen also an sich auf den ersten Blick durchaus geschäftsfähig aussehende Frauen quietschend von Geschäft zu Geschäft, hüpfen vor den Verkäuferinnen auf und ab, als ob sie den Boxenstopp vergessen hätten und skandieren: „Hallloooooo, wir sind von Shopping-Queen." Daraufhin lässt die Fachkraft nach einem ebenfalls gequietschten „Hallo, wie geil ist das denn?" alles stehen und liegen und widmet sich den ausrastenden Shopperinnen und der von Guido-Maria gestellten Wochenaufgabe wie „Kreiere ein Outfit rund um deine Prada-Tennissocke" oder „Sei der Hingucker in irgendeinem Fummel". Von dem Laden geht es dann kreischend durch die Fußgängerzone in das nächste Geschäft, wo sich die Prozedur wiederholt. Doch schon vorher haben die Damen Gelegenheit, sich vor dem Publikum zum Honk zu machen. Und zwar, indem sie zu Beginn ihres Shopping-Abenteuers ein Kamerateam in ihre Wohnungen lassen und über ihren Kleiderschrank fachsimpeln. Dann kommt der Besuch der Mitstreiterinnen, alle quietschen sich gegenseitig an und später machen sich die vier Invasorinnen über den Kleiderschrank der fünften her und über sie lustig. Das ganze Leben der Damen, die im realen Leben immer irgendwas mit „Manager" sind, scheint sich nur um Textilien zu drehen. Sie sind letztendlich genauso bekloppt, wie Männer, die ihre gesamte Existenz und Selbstdefinition am Konsum von Bier oder irgendwelcher Fußballspiele aufhängen.

Und da solche Frauen nicht extra gezüchtet werden, sieht man ähnliche Exemplare nun überall in den Straßen und Geschäften. Man erkennt sie daran, dass sie ihre Arme grotesk vom Oberkörper abspreizen, während sie zum Beispiel versuchen, auf dem Weg zum nächsten Grabbeltisch durch Passanten und andere Mitmenschen hindurch zu marschieren. Oder sie halten ein abartig durch Strass und Blingbling entstelltes Smartphone waagerecht vors Kinn und brabbeln Zeug oder filmen sich, während sie mit der anderen Hand in Nullkommanix und scheinbar ziellos ganze Saisonauslagen völlig zerwühlen und als Schlachtfelder hinter sich lassen. Mädels, Alice Schwarzer wäre stolz auf euch!

Sie kennen mich nicht nur als Menschenfreund, sondern auch als strikten Verfechter der Gleichberechtigung. Als solcher werde ich künftig im Getränkemarkt mein Recht einfordern und den „Shopping-King" geben. Ich werde mit meinem durstigen Shopping-Begleiter bei Trinkgut reinstürmen, vor dem Leergutverschieber herumtrippeln und quietschen „Halllloo, ich bin von Shopping-King und suche das Bier, das mich zum Hingucker bei jedem Besäufnis macht". Und wehe, der steigt dann nicht direkt drauf ein und lässt mich einmal kreuz und quer durch den Laden probieren, bevor ich in den nächsten verschwinde. Dann ist es aber ein Fall für den Gleichstellungsbeauftragten.

März 2020
Nachtgedanken

„Denk ich an Deutschland in der Nacht …" Mit dieser Zeile beginnt Heinrich Heines Gedicht „Nachtgedanken" aus dem Jahr 1844. Darin sorgt sich der Dichter angesichts der Deutschen um die Zukunft Deutschlands. Und mal ehrlich: Das Thema ist aktueller denn je. Wie dem Herrn Heine vor bald 160 Jahren geht es auch heute vielen. Man ist „um den Schlaf gebracht", wenn man an Thüringen denkt. So geht es mir zumindest. Und zwar nicht etwa die Tatsache, dass da einfach Abgeordnete der AfD von ihrer Aufgabe Gebrauch gemacht und ihre Stimme für die Wahl eines Kollegen zum Ministerpräsidenten abgegeben haben. Sicher, man kann darüber streiten, ob das nötig war. Aber insgesamt kann man den Vertretern von rund einem Viertel der Thüringer Wähler nicht verbieten, ihre Stimmen abzugeben. Andererseits hätten die Kollegen von CDU, FDP, Linke und SPD auch ein bisschen mitdenken und sich früh genug überlegen können, wie sie mit einer solchen Situation umgehen würden. Danach ist natürlich Holland in Not. Und in der CDU rollen die Köpfe. Und das nicht nur auf Landesebene, denn auch die designierte Kanzlerkandidatin nutzte die Gelegenheit, um das Steuer des sinkenden Schiffs CDU abzugeben. Es wirkte fast, als hätte sie nur auf so etwas gewartet. Man kann es ihr aber auch nicht verübeln, denn die Truppe hört ja längst nicht auf sie. Ist halt nicht jeder zur Mutti geboren. Man mag von Angela Merkel halten, was man will. Doch sie ist zumindest eine Integrationsfigur, die in beiden Teilen Deutschlands verankert ist. Ihre potenziellen Nachfolger hingegen kommen bislang allesamt aus dem westlichsten der deutschen Bundesländer und repräsentieren teilweise den Typus Politiker, dem wir die derzeitige Misere zu verdanken haben. Ihre Spezialitäten sind selbstbewusste Auftritte in den Talkrunden und Visionen von Steuererklärungen, die auf Bierdeckel passen. Damit ist dem Status Quo, der da in Thüringen erreicht worden ist und auch in anderen Bundesländern droht, aber nicht beizukommen.

Vielleicht müssen sich die Parteien von voreilig ausgesprochenen Denkverboten und Tabus lösen. Denkverbote haben die dumme Eigenschaft, dass sie sich nicht mit den Anforderungen der Realität verändern. Die Linke, ehemals PDS, ehemals SED ist nicht mehr die Partei, von der man sich meinte abgrenzen zu müssen. Und vielleicht wird aus der AfD einmal eine Partei, die sich und bestimmte Honks bestimmter Flügel so weit im Griff hat, dass man sich nicht mehr automatisch von ihr abzugrenzen braucht. Derzeit jedoch bedient sie bewusst genau die Tabus, die zu den Grundlagen unseres Zusammenlebens als Gesellschaft gehören und sich nicht wegreden und abschaffen lassen. Die Lehren aus dem Dritten Reich lassen sich nicht wegdiskutieren. Wer da von einem „Vogelschiss" redet, dem haben anscheinend irgendwelche schrägen Vögel ins Gehirn geschissen.

Vielleicht braucht Deutschland tatsächlich auch neue Köpfe. Gefüllt mit Kompetenz, Ideen und Sachverstand. Und vor allem mit sozialer Kompetenz. Die sehe ich derzeit bei den zukünftigen Möchtegern-Kanzlern etwas unterrepräsentiert. Kein Wunder, wenn die Herren bei Teilen der Bevölkerung nicht ganz so gut ankommen und sich diese Teile anderswo umschauen. Verstehen Sie mich nicht falsch.

Das Personal der AfD stellt meiner bescheidenen Meinung nach beim besten Willen keine Alternative für Deutschland dar.

Was also tun, wenn weit und breit kein politischer Hoffnungsträger in Sicht ist? Ich sage es Ihnen: Wir sollten derzeit nicht nach Vorbildern in der Politik suchen. Wir sollten uns auf uns selbst besinnen und das praktizieren, was wir an Anstand, Zuverlässigkeit und Respekt im Umgang erwarten. Wenn nur genug Leute mitmachen, kann sich im Sinne der sogenannten Schwarmintelligenz wirklich etwas bewegen. Denn die Politiker sind ja immer nur so gut oder schlecht wie diejenigen, die ihnen in den Sattel helfen. Einen Versuch wäre es wert.

April 2020
Ein Virus zeigt uns, was wichtig ist

Ich hatte mir ja einiges für 2020 vorgenommen. Zwei Jahrzehnte vom neuen Jahrtausend in der Tasche, es folgen die Goldenen Zwanziger. Mit dem technischen Schnickschnack, den neuerdings alle erwarten, habe ich mich weitestgehend angefreundet. An sich konnte es losgehen. Doch dann kam Corona. Und was um die Jahreswende aus der chinesischen Provinz berichtet wurde, klang zunächst gar nicht so besorgniserregend, zumal das alles ja so weit weg stattfand. Einen Monat später war das Virus dann in Europa. Oje, dachte man. Und noch einmal oje, als Mitarbeiter einer bayerischen Firma positiv getestet wurden, die im Kontakt mit chinesischen Kollegen standen. Und dann kam Gangelt. Genauer Gangelt-Langbroich. Eine Kappensitzung einer Karnevalsgesellschaft, wie sie zu dieser Zeit Rhein auf und ab zu Tausenden stattfanden. Der Rest ist bekannt. In Folge wurde aus dem Kreis Heinsberg, in dem der Ort Gangelt liegt, ein Synonym für *gefährlich, ansteckend* und damit auch ein bisschen *versifft* und *Wie konnte denn so etwas passieren? Was machen die denn da?* Dann wurden überall Fälle festgestellt, die – man glaubt es kaum – alle zuvor im *Kreis Heinsberg* waren. Gefühlt musste die Dorfsitzung in Langbroich um die zweitausend Besucher gehabt haben und wird sicher in die Vereins-Annalen eingehen als die Sitzung, die die KG „Langbröker Dicke Flaa" weltweit bekannt gemacht hat.

Spätestens als das prestigeträchtige Derby mit Köln zum Geisterspiel erklärt wurde, wurde auch außerhalb Langenbroichs dem letzten Tropf klar, dass Viren keine kommunalen Gebietsgrenzen respektieren. Im Internet erklärte eine dermaßen in ihren Grundfesten erschütterte und Grundrechten beschnittene Dame alle Borussen-Fans aus dem Kreis Heinsberg mit einem „ihr Haufen Scheiße" zur Ursache. Dafür erntete sie auch noch Likes und gewiefte Kommentare wie „Sehe ich auch so". Wahrscheinlich von denselben Schwammköpfen, die am Abend des besagten Derbys bewiesen, dass sie nichts verstanden hatten und trotz Corona dichtgedrängt und sich gegenseitig bei den gutturalen Gesängen vollspeiend das gesamte Spiel draußen vor dem Stadium ausharrten. Und wo wir gerade beim Fußball sind: Sobald sie wieder in die Stadien dürfen, sollten sich die Ultras bei „Hurensohn" Hopp bedanken. Der hat nämlich durch sein entschiedenes Nein zum Verkauf des Labors, in dem erfolgversprechend an einem Impfstoff gearbeitet wird, nicht nur den Großkotz Trump ausgebremst. Er hat vor allem so mancher Ultra-Omi damit das Leben gerettet. Was Hurensöhne so alles tun

…

Zurück zu meinen guten Vorsätzen für 2020. *Ich überstehe eine Pandemie ohne ausreichend großen Vorrat an Klopapier* gehörte nicht dazu. Zugegeben, die lange ausstehenden Reparaturen und Ausbesserungen im Haushalt auch nicht. Die pflege ich ganz fest zu versprechen, um mich dann aufzuregen, dass ich alle paar Monate wieder daran erinnert werde. Und wissen Sie was? Dank Corona langweile ich mich als Selbständiger gerade dermaßen, dass ich mich mit Freude über all die kleinen Unzulänglichkeiten hermache, die meiner Frau anscheinend das Leben so unerträglich gemacht haben, dass sie mich wiederum alle Backe lang daran erinnern musste. Das gibt Pluspunkte. Man darf es nur nicht übertreiben. Als sie mich neulich morgens um halb sechs mit der Flasche Poliboy an der Tür zum Gästeklo erwischt hat, war meine Frau zunächst schon ein bisschen skeptisch.

Wir sollten alle den Ball flach und uns an die neuen und teilweise irrsinnig anmutenden Verhaltensregeln halten. So etwas wie Corona alias „Covid-19" haben wir bisher noch nicht erlebt. Das ist kein Videospiel oder World War Z, das ist real. Und diese Realität ändert sich im Stundentakt. Wir brauchen jetzt keine kaufsüchtigen Hamster, die anscheinend alle eine Verdauung haben wie ein Elefant, keine esoterischen Besserwisser und auch keine Hysteriker. Wir sollten es mit Humor, Verständnis und vor allem Disziplin angehen. Und wie gesagt: Die Pluspunkte auf meinem Mustergatte-Konto reichen am Ende locker für zwei oder drei Jahre. Bleiben Sie auf Abstand und waschen Sie sich die Hände!

Mai 2020
Corona, ein haariges Thema

Wer hätte das gedacht: Dies ist bereits die zweite Corona-Kolumne und ich habe das Gefühl, dass es nicht die letzte sein wird. Aber mal ehrlich: Man gewöhnt sich ja so schnell an Situationen, die noch vor ein paar Wochen unvorstellbar gewesen wären. Wir stehen Schlange, warten geduldig und weichen uns gegenseitig aus. Und wir gewöhnen uns an Frisuren, die es so im Februar noch nicht gegeben hätte. Ich hatte mich schon immer gefragt, wie ein ausgewachsener Undercut aussieht. Jetzt weiß ich es, denn ich sehe täglich Exemplare, bei denen es mehr oder weniger in die Hose gegangen ist mit dem Nachschneiden. Ältere Zeitgenossen wie ich fühlen sich teilweise in die 70er zurückversetzt, als sogar der Bundeskanzler eine usselige Frisur hatte. Man hatte linealdicke Koteletten und fisselige Haare, die auf Krägen auflagen, als seien sie genau dafür erfunden worden. Und keinem war es peinlich. Wer jetzt keine Friseurin im direkten Familienkreis hat, der muss selbst Hand anlegen. Auch auf die Gefahr hin, dass es irgendwie scheiße aussieht. Ein guter Bekannter von mir (*hüstel*) ist zum Beispiel seiner Gattin beim Nachfärben sehr hilfreich zur Seite gesprungen. Obwohl das gar nicht seine Baustelle ist, hatte er seine Hilfe angeboten und auch vehement vorgetragene Zweifel liebevoll ignoriert. Man möchte fast sagen, er und der gemeinsame Filius hatten da plötzlich ein gemeinsames „Vater-Sohn-Ding". Es sei insgesamt eine interessante und lehrreiche Erfahrung gewesen, die den beiden zudem völlig neue Erkenntnisse einbracht habe, berichtete mein Bekannter mir fernmündlich. Vor allem, was das subjektive Einschätzen der empfohlenen Einwirkzeit dieser seltsam stinkenden Paste betrifft. Die Gattin sei, so führte er weiter aus, von der Hilfe und dem Ergebnis gleichermaßen derart beeindruckt gewesen, dass sie spontan und wohl aus tief empfundener Dankbarkeit ihre Hilfe angeboten habe, sowohl dem Vater als auch dem Sohn ihrerseits eine mindestens ebenso gelungene Frisur zu verpassen, was beide jedoch abgelehnt hätten, wie mein Bekannter betonte. Das klang tatsächlich nicht ganz so zufriedenstellend. Auf meine Frage hin, über wie viele Haarfarben seine Gattin den nun auf dem Kopf verfüge, antwortete er ausweichend: „So drei bis vier, glaub´ ich".

Finden Sie nicht auch, dass dieses Beispiel uns trotzdem anschaulich vor Augen führt, wie wichtig kleine Gesten und Handreichungen in Zeiten der Krise und Verunsicherung sind? Das schweißt zusammen oder wie mein Bekannter es ausgedrückt hat: „Der gute Wille zählt am meisten." Seine Gattin sieht in der sozialen Abschottung plötzlich wieder viel Positives und verlässt das Haus eigentlich nur noch abends, um bei den Frisörsalons schriftliche Terminanfragen in die Briefkästen zu werfen. Das nenne ich vorbildlichen Optimismus, von dem wir alle etwas lernen können. In diesem Sinne: Bleiben Sie auf Abstand, waschen Sie sich die Hände und denken Sie beim Haare färben stets daran, die Eieruhr zu stellen.

Juli 2020

Drei-Generationen-Heimwerken

oder

„FDJ trifft Kliemannsland"

In Zeiten wie diesen kommt man ja auf Ideen. Einige sind sinnvoll, andere weniger. Wieder andere sind längst überfällig, doch die meisten sind abwegig. Zum Glück habe ich ja Zugriff auf eine gut bestückte Familie. Neben rüstigen Eltern sind da meine Frau, zwei Kinder und sogar schon zwei Enkel. Also durchaus genug Personal, wenn es einem coronabedingt langweilig wird und eine dieser Ideen nach Realisierung giert. Und so haben wir vielleicht ungewollt einen Trend geboren, der sicher noch um sich greifen wird: das Drei-Generationen-Heimwerken. Was man dazu benötigt? Einen handwerklich bewanderten Vater, einen handwerklich ambitionierten Sohn und sich selbst. Und natürlich eine Aufgabe, die den Einsatz von 160 Jahren hochmotivierter Männlichkeit auch rechtfertigt. In unserem Fall war dies ein altes Stalldach, das abgedeckt und mit neuen Platten aus Teerpappe gedeckt werden musste. An sich kein Problem für drei hochmotivierte Handwerker unterschiedlichen Fähigkeitsgrades. In unserem Fall kam jedoch neben dem unterschiedlichen Alter auch eine völlig unterschiedliche Herangehensweise erschwerend hinzu. Denn während mein Sohn ein großer Verehrer des deutschen Youtubers Fynn Kliemann ist, hat mein Vater Disziplin und eine bestimmte Herangehensweise noch bei der Freien Deutschen Jugend gelernt und später perfektioniert. Mir hingegen ist es relativ egal, wie gearbeitet wird. Was zählt, ist das, was hinten rauskommt, um es mal mit Helmut Kohl zu sagen. Die Kombination aus spaßorientiertem telegenen Hobbyhandwerken auf der einen und zielgerichteter Disziplin und aus der Not heraus geborenem Improvisationstalent auf der anderen Seite macht das gemeinsame Handwerken wirklich zu einer Herausforderung, faszinierend und zugleich erschreckend.

Viele Irritationen kommen durch den Einsatz von Kommunikation auf. Denn da kann es neben einem eindeutigen „zu viel" ein ebenso offensichtliches „zu wenig" geben. Während mein Sohn, um beim Beispiel der Kommunikation zu bleiben, selbst die Suche nach einem geeigneten Schraubenzieher gerne ausgiebig kommentiert und mit der passenden Such-Musik aus seinem Handy inszeniert, neigt mein Vater zum grimmigen Vorsichhinbrüten und gelegentlich eingestreuten Worten, die er jedoch an niemanden Speziellen richtet. Um es dem zufälligen Empfänger seiner Botschaften noch ein bisschen schwieriger zu machen, benutzt er selbstkreierte oder kurz nach dem Abdanken Walter Ulbrichts ausgestorbene Termini. Oder er vereinfacht es für die offensichtlich unterbelichteten Empfänger zu „das Ding", konkreter „das Ding da" oder wirklich exakt „das Ding neben dem Gerät, wo der ganze Scheiß drum verteilt ist". Gelegentlich versieht er es mit einer Nummernangabe wie „Zwölfer" oder einem „kreuzschlitz", wodurch man einen Hinweis zugespielt bekommt, dass es sich eventuell um ein Ding zum Drehen oder Schrauben handeln könnte. Konkreter sind Ansagen wie „Motteck", wobei der an sich für den Laien bereits beeindruckend daherkommende Fäustel natürlich nicht zu den Mottecks im klassischen Sinne zählt.

Eingeklemmt zwischen Echtzeit-Vloggen und verbalem Minimalismus arbeite ich zufrieden mein Pensum ab und genieße das langsam einsetzende Nachlassen des Schmerzes, nachdem kurzfristig ein vorwitziger Nagel durch die Sohle meines rechten Schuhs in meinen Fuß eingedrungen war. Dies hatte mein Sohn zu einer ausgiebigen Darstellung aller drohenden gesundheitlichen Nachteile genutzt, die durch eine Blutvergiftung im Allgemeinen hervorgerufen werden können, während mein Vater sich zu einem mitfühlenden „schön blöd" hinreißen ließ. Dem folgte ein warnendes „tropf' nicht auf die neuen Onduline-Platten". Man muss halt Prioritäten setzen und die Dinger haben schließlich Geld gekostet. Auf eine Diskussion darüber, dass man die Blutflecken nicht sieht, weil die Platten oben liegen und der Regen sie darüber hinaus eh wegwaschen würde, habe ich mich nicht eingelassen. Dafür habe ich ja meinen Sohn. Nach rund fünfminütiger Einleitung seiner Argumentationskette brach der jedoch ab, denn mein Vater summte hämmernd und nagelnd zufrieden vor sich hin. „Bau auf, bau auf, bau auf, Freie Deutsche Jugend bau auf ... schmeiß' mal noch so'n Ding hoch!"
In diesem Sinne „Love&Peace&kreuzschlitz" Ihnen allen. Bleiben Sie gesund, sonst wär' schön blöd.

August 2020
Ohne Mundschutz durch Vogelnester, das haben
wir uns verdient!

Kaum haben sie die blanke Angst um ihr Leben hinter sich gelassen, da fahren die Deutschen wieder in Urlaub. Wo vor einigen Wochen noch die Weltuntergangspanik im Vordergrund stand, ist es heute die Frage „Wohin fahren wir und wer holt uns zurück, wenn die zweite Welle kommt". Vielen kommt die Frage, ob man überhaupt zwangsläufig in Urlaub fahren muss, gar nicht in den Sinn. Wäre ja noch schöner. Corona hin, Covid-19 her. Das haben sie sich schließlich verdient. Nicht verdient haben es die Menschen in den Urlaubsorten, zum Beispiel in Italien oder Spanien. Die haben gerade auch die Pandemie hinter sich und vielleicht ein paar Angehörige unter die Erde gebracht, da kommen schon die Deutschen und ihre nicht minder reisefeudigen Kollegen aus anderen Ländern, die es nicht so schlimm erwischt hat.

Die deutschen Urlauber haben ihren Stress und auch das Virus einfach daheim gelassen, um zum Beispiel auf Mallorca eine unbeschwerte Zeit zu genießen. Und zwar ohne Mundschutz und Sicherheitsabstand. Dafür mit Sangria-Eimer und Rudelfummelei zu sogenannten Stimmungshits. Das führt dann unweigerlich dazu, dass die Inselregierung kurzerhand eine allgemeine Maskenpflicht einführt und die Hot Spots der deutschen Urlaubs-„Kultur" schließt, weil die urlaubenden Teutonen dort nicht nur ihresgleichen sondern so ziemlich jedem betrunken auf die Pelle gerückt sind, als sei Corona immer noch nur ein schlecht schmeckendes mexikanisches

Bier. Übertroffen wurden sie dabei nur noch von den Engländern, die sich weder zu Hause noch sonstwo einen Sch*** um Vernunft und Verantwortungsbewusstsein kümmern. Später beklagt man sich dann in die Kameras und Mikrofone der TV-Sender, dass Urlaub mit Masken doof sei und man lieber zu Hause geblieben wäre, wenn man das gewusst hätte. Stimmt, denkt man, hätte er wirklich. Dafür hätte er nur früh genug sein Gehirn einschalten und verstehen müssen, dass Corona nicht nur bei ihm im Stadtteil wütet. Und dass er es schlimmstenfalls auf die Insel schleppt, um es dann fröhlich zu verbreiten. *Die sollen sich mal nicht so anstellen, schließlich bringe ich Geld mit ...*

Aber auch an der heimatlichen Urlaubsfront brodelt es. Denn die etwas klügeren Erholungsbedürftigen machen Urlaub in Deutschland. An sich genau das, was die deutsche Tourismusbranche schon seit Jahren predigt. Und doch ist auch da Vorsicht angesagt, wenn man den Berichten von komplett zugeparkten Dörfern am Rande von Radrundwegen Glauben schenken mag. Denn da treffen versierte Urlaubsprofis auf teilweise ehrenamtlich organisierte Freizeitangebote. Und die Urlaubsprofis wissen, was sie sich rausnehmen können. Zum Beispiel Einfahrten zuparken, Vorgärten volllullern und zumüllen, Straßen auf kompletter Breite mit nur drei Fahrrädern blockieren und überall große Portionen für kleines Geld verlangen. Das ist man so gewohnt, da lugt eben der kleine Herrenmensch mal kurz hervor. Blöd nur, dass diejenigen, deren Leben da ganz erheblich beeinträchtigt wird, gar nicht von den Touristen-Euros leben. Sie haben nur das Pech, recht idyllisch und in erreichbarer

Nähe zu wohnen. Pech haben auch die Forstwirte, deren neue Schonungen dem Erdboden gleich gemacht worden sind. Und die heimischen Bodenbrüter, die Gefahr laufen, nach Corona ausgestorben zu sein, weil ihre Gelege von Scharen ungebetener Besucher zertrampelt worden sind. *2020, das Jahr, in dem Waldschnepfe, Kiebitz und Baumpieper plötzlich und auf Nimmerwiedersehen verschwanden ...*

Es gibt auch tatsächlich Menschen, die glauben, dass das weit verzweigte Netz von Wirtschaftswegen rund um die ländlichen Ansiedlungen einzig und allein dafür gebaut und aufrecht erhalten wird, damit sie dort gelegentlich lustwandeln können. Und dabei lassen sie sich nicht von Bauern auf Traktoren oder Mähdreschern aus der Ruhe bringen. Was sucht der denn hier auf ihrem Lustwandelpfad? Ausweichen oder einfach vorbeifahren lassen? Fehlanzeige. Da wird lieber provoziert und gepöbelt, am besten noch gefilmt und irgendwo ins Internet gestellt. *Schaut euch diesen doofen Bauern an, da lob' ich mir mein Malle!*

Ich glaube langsam, dass Corona einigen von uns noch nicht genug den Kopf gewaschen und auf den Boden der sozialverträglichen Tatsachen zurückgeholt hat. Trotzdem wünsche ich allen Ballermann-Touristen, dass sie ohne Virus und Quarantäne wiederkommen und ihren Urlaub trotz Maske und Sicherheitsabstand genießen können.

September 2020
Von Roibusch-Rebellen und Pferdeäpfeln ohne Maske

Sind Sie mental noch auf der Schiene oder sind Sie auch schon ins Hildmann-Universum der zionistischen Echsenmenschen, unterirdischen Höhlen voller gequälter Kinder und Zwangsimpfungen durch Bill Gates abgedriftet? Fühlen Sie sich bitte nicht auf den Schlips getreten, denn die Frage ist berechtigt. Nach rund einem halben Jahr Ausnahmezustand befinden sich nämlich viele Mitmenschen am Scheideweg zwischen Lattenschuss und Einsicht. Einige sind so aufgeheizt, dass ein Funke genügt und sie rasten aus. Zum Beispiel, wenn nur Mama und Papa zur Einschulung des Kindes in den Gottesdienst und das Klassenzimmer gelassen werden, während die angereiste Verwandtschaft inklusive des Patenonkels aus Kanada draußen warten muss. Da kocht die gebeutelte Seele hoch und Mama reißt sich den Mundschutz vom Gesicht, kauft sich ein Attest und ist von Stund' an „Rebellin". Und weil der Nachwuchs ja nun wieder – wenn auch mit Mundschutz - regelbeschult wird, hat Mama Zeit und radikalisiert sich eben mal an nur einem Vormittag zwischen Roibusch-Tee und dem Einstellen von Katzenfotos mit Herzchen auf irgendeiner Bilder-Börse mit hippem Namen. Und als Rebellin weiß Mama ab nun Bescheid. Sie weiß, dass ihre Kinder schlimme Schäden davontragen können, wenn sie sich und andere durch das Stück Stoff über Mund und Nase schützen. Sie faseln von Ausgrenzung und Diktatur und fühlen sich anmaßend als „die neuen Juden", wenn Menschen von ihnen Abstand nehmen, weil sie keinen Mundschutz tragen. Und das, liebe Leser, das tun sie auf keinen

Fall. Denn, wie wir ja alle langsam geschnallt haben sollten, sind diese Masken ein Zeichen der Unterdrückung und Kennzeichnung, mittels derer zwischen sogenannten duckmäuserischen Schlafschafen wie mir und aufrechten, streitbaren Rebellen und Freiheitskämpfern wie denen unterschieden werden kann. Davon abgesehen, dass weder Angela Merkel noch Bill Gates von diesen Erkenntnissen etwas hätten, hilft es zumindest mir. Denn ich weiß nun, wer ein verwirrter Schwurbler oder selbsternannter Rebell ist und wer einfach nur mitdenkt und die ganze Corona-Scheiße mit ein bisschen Würde, heil und vor allem gesund überstehen will.

Mal unter uns: Wer käme auf die völlig durchgeknallte Idee, seine Kinder mit Megafonen vor Schulen und Ministerien zu postieren, wo diese dann auswendig gelernten Bullshit über das Dritte Reich aufsagen müssen, während Papa alles filmt und sich dabei vor Freude fast nass macht. Was für Rebellen! Können die sich nicht vorstellen, wir sehr ihre Kinder sie in wenigen Jahren hassen werden, wenn sie diese Filmchen bei jedem Familientreffen abspielen und sich ihrer Großtaten rühmen? Der Schwurbel-Kram wird ja auch im Internet hochgeladen, um andere Rebellen (*kicher*) zu ermutigen, es ihnen gleich zu tun und sich auf ewig selbst zum Vollhonk abzustempeln. Denn das Internet vergisst nie. Und Corona-Rebellentum ist auch nichts, was man als ehrenamtliches Engagement im Lebenslauf geltend machen kann.

Lassen Sie uns zusammenfassen: Unsere Rebellen strömen zu „Millionen" nach Berlin und pöbeln für das, was sie Freiheit nennen, während in Belarus, früher „Weißrussland" genannt, die Menschen unter Einsatz ihres Lebens gegen echte Diktatur auf die Straße gehen. Unsere Rebellen kämpfen für das selbst erfundene Bürgerrecht, andere durch die eigenen Auswürfe und Aerosole anzustecken und in Lebensgefahr zu bringen. Vielleicht hätte man denen zu Beginn von Corona verklickern müssen, dass die Masken nicht getragen werden dürfen, weil sie eine von Merkel angestrebte Ansteckung verhindern würden. Man hätte sogar noch das Gerücht verbreiten sollen, dass das Tragen einer Maske unter Strafe verboten ist. Aber jetzt mit der Geschichte zu kommen, bringt nichts mehr. Vielleicht bei der nächsten Pandemie …

Neulich lustwandelte ich über einen Waldweg, der auch von Reitern gerne benutzt wird. Da sah ich einen Haufen Pferdeäpfel mitten auf dem Weg, beschienen von Sonnenstrahlen, die durch das Astwerk der Bäume fielen. Ich passierte dieses ästhetische wie abbaubare Stillleben, als ich viele leise Stimmen hörte. Ich drehte mich um, doch da war niemand. Dann bemerkte ich, dass die leisen Stimmen aus dem Haufen da zu meinen Füßen kamen. „Wir sind das Pferd! Wir sind das Pferd!“ hörte ich. Da musste ich doch lächeln und dachte so bei mir: „Nein, ihr seid die Scheiße“ und machte einen großen Schritt über den rebellischen Haufen hinweg, um gesund und munter meinen Weg fortzusetzen.

„Sie kennen mich, ich bin ein Menschenfreund"
Kolumnen von 2011 bis 2016
9,99 Euro/ 4,49 (E-Book)
BoD –Books on Demand Norderstedt
ISBN 9783751983020

Das war´s erst mal! Bis demnächst.